杭州市哲学社会科学研究基地：2022 年度"杭州市产教融合研究院"基地"基于'1＋X证书'制度课证融合实践教学体系的构建及应用——以污水处理职业技能等级证书为例"的研究成果。

解码职业教育：深度锻造面向1＋X证书制度的高职人才培养

蒋立先　著

中国原子能出版社

图书在版编目（CIP）数据

解码职业教育：深度锻造面向 1＋X 证书制度的高职人
才培养 / 蒋立先著. --北京：中国原子能出版社，
2023.10

ISBN 978-7-5221-3086-6

Ⅰ. ①解… Ⅱ. ①蒋… Ⅲ. ①高等职业教育–技术人
才–人才培养–研究–中国 Ⅳ. ①G719.2

中国国家版本馆 CIP 数据核字（2023）第 212368 号

解码职业教育：深度锻造面向 1＋X 证书制度的高职人才培养

出版发行	中国原子能出版社（北京市海淀区阜成路 43 号 100048）	
责任编辑	刘东鹏	
责任印制	赵 明	
印 刷	北京天恒嘉业印刷有限公司	
经 销	全国新华书店	
开 本	787 mm×1092 mm 1/16	
印 张	15.25	
字 数	240 千字	
版 次	2023 年 10 月第 1 版 2023 年 10 月第 1 次印刷	
书 号	ISBN 978-7-5221-3086-6	定 价 88.00 元

发行电话：010-68452845　　　　　　版权所有　侵权必究

目 录

第一章

绪　论

第一节　1+X证书制度的发展背景与理念

1+X 证书制度是指学历证书＋若干职业技能等级证书重制度（简称 1+X 证书制度），"1"为学历证书，"X"为若干职业技能等级证书。该制度的提出和推广，旨在满足我国日益增长的职业人才需求，为高职学生提供更加全面、综合的职业技能培养，培养出适应市场需求的复合型、多技能型人才。在国家"产教融合"战略的背景下，1+X 证书制度更是为高等职业教育与企业之间的深度合作提供了新的契机和平台。该制度的理念是促进高等职业教育与社会实践、经济发展的深度融合，使教育培养的人才能够更好地满足社会、市场的需求，同时也为学生的职业发展提供更加广阔的选择和更好的发展空间。

一、国家发展战略与高职人才培养需求

（一）国家发展战略对高职人才培养的要求与支持

随着中国经济的不断发展和转型升级，对于高质量、高水平的人才需求也越来越高。高职人才培养作为培养适应市场需求、具备实践能力的技术技能型人才的重要途径，受到了国家发展战略的高度重视和支持。

首先，国家对于高职人才培养提出了明确的要求。《中共中央国务院关于实施乡村振兴战略的意见》中提出，推进农村普及高中阶段教育，支持教育基础薄弱县普通高中建设，加强职业教育，逐步分类推进中等职业教育免除学杂费。健全学生资助制度，使绝大多数农村新增劳动力接受高中阶段教育、更多接受高等教育。中华人民共和国国务院印发的《国家职业教育改革实施方案》首次明确提出"职业教育和普通教育是两种不同的教育类型，具有同等重要地位"。在国家层面对职业教育的定位、认可及期待均达到前所未有的高度。

1. 加强实践教学。要求高职教育紧密结合行业需求，突出实践能力培养，注重实践环节，加强实习实训，提高学生实践能力和创新能力。

2. 推进产教融合。要求高职院校加强与企业、行业的合作，建立校企合作机制，通过实习、实训、实践等方式，为学生提供更多的实践机会和就业岗位。

3. 优化课程设置。要求高职教育注重课程的实用性和针对性，突出专业特色和行业需求，不断优化课程设置，提高教育教学质量。

4. 提高教师素质。要求高职教育加强教师培训和队伍建设，提高教师教学能力和实践经验，为学生提供优质教育教学资源。

5. 推进质量评估。要求高职院校加强对教育教学质量的监督和评估，建立科学的评估体系，推动高职教育不断提升质量和水平。

以上要求和目标的实现需要高职教育机构和教育工作者的共同努力，同时也需要政府和社会的支持和配合。

其次，国家在政策和资金上也给予了高职人才培养的大力支持：近年来，中国政府高度重视高职教育的发展，为高职人才培养提出了一系列明确要求，并给予了政策和资金上的大力支持。政府出台了一系列关于高职教育的政策文件，明确了高职教育的地位和作用，提出了高职人才培养的目标和要求。我国正处于决胜全面建成小康社会和建成社会主义现代化强国的历史交汇期。2035中长期目标和2050远景目标对职业教育提出了新的更高要求。加快发展现代职业教育，既有利于缓解当前就业压力，也是解决高技能人才短缺的战略之举。

（二）高职人才的就业需求与市场需求分析

高职人才是指在高等职业教育阶段获得一定职业技能、具备实际工作能力和创新能力的人才。随着我国经济的快速发展，市场对高职人才的需求也越来越大。同时，高职人才的就业形势也在不断变化。

就业需求方面，目前我国高职毕业生的就业形势相对较好。随着经济社会的不断发展，高职教育逐渐受到重视，高职毕业生的就业形势也逐渐好转。一方面，随着国家对技能型人才的需求增加，高职毕业生的就业机会也随之增多。另一方面，高职教育的专业设置和教学质量也得到了不断提升，许多高职毕业生的综合素质和实际操作能力也得到了提升，使得他们更具有竞争力。此外，随着互联网、人工智能等新兴产业的快速发展，高职毕业生在新兴产业中的就业机会也越来越多。同时，随着经济的发展，一些传统行业的发展也在逐渐恢复，如建筑、交通、能源等领域，这些领域对技能型人才的需求也在逐渐增加。总体来说，当前我国高职毕业生的就业形势相对较好，但也需要注意到一些问题，如就业岗位与专业不匹配、工资待遇不高等问题，需要进一步加强高职毕业生的职业指导和就业服务。

市场需求方面，高职人才的市场需求也在不断增加。一方面，随着我国经济的转型升级和产业结构的调整，对高技能人才的需求也越来越大。另一方面，随着科技的进步和社会的发展，新兴行业和新兴职业也不断涌现，对高职人才的需求也在逐渐增加。例如，人工智能、大数据、物联网等领域，对高技能、高素质的高职人才提出了更高的要求。

综上所述，高职人才的就业需求和市场需求都在不断增加。因此，为了满足市场的需求，高职教育需要不断地与市场接轨，加强与用人单位的合作，适应市场的变化和需求。同时，高职教育也需要注重培养学生的创新能力和实践能力，提高学生的职业素养和综合素质，以更好地适应未来社会的发展。

二、高等教育改革与职业教育重构

（一）高等教育改革的背景与现状

高等教育改革是全球范围内的重大议题之一。在过去几十年中，随着社会、经济和科技的不断发展，高等教育所承担的角色也在不断变化。高等教育不仅是国家培养高层次人才的主要途径，也是推动社会进步和经济发展的重要力量。

国务院正式印发《统筹推进世界一流大学和一流学科建设总体方案》，提出到2020年，若干所大学和一批学科进入世界一流行列，若干学科进入世界一流学科前列；到2030年，更多的大学和学科进入世界一流行列，若干所大学进入世界一流大学前列，一批学科进入世界一流学科前列，高等教育整体实力显著提升；到本世纪中叶，一流大学和一流学科的数量和实力进入世界前列，基本建成高等教育强国。

在当前的形势下，高等教育改革已经成为了我国发展的必然要求。一方面，随着经济结构的不断升级和人口红利的消失，我国已经进入到了"人才红利"的时代。高等教育不仅需要更多的人才，还需要更高水平的人才。另一方面，全球化和信息化的发展使得高等教育面临着新的挑战和机遇。在这个过程中，高等教育不仅需要满足国内的需求，还需要更好地适应全球化和信息化的发展趋势。

（二）职业教育的地位与作用

随着我国经济的快速发展和结构调整，职业教育逐渐成为国家教育体系中不可或缺的重要组成部分。职业教育是一种职业技能培训教育，其目的是提高学生的实际技能水平，满足社会对各种职业技能的需求，促进国民经济的发展。

职业教育具有培养实用性强、适应性广、就业性好等特点。它旨在为学生提供实用性的知识和技能，帮助学生快速适应职业生涯，提高就业竞争力。职业教育具有培养劳动力市场的需求，满足社会对高技能人才的需求等重要作用。

近年来，国家持续加大对职业教育的政策支持力度，从出台《国家职业教育改革实施方案》到提出《职业教育提质培优行动计划（2020—2023 年）》，从制定《关于推动现代职业教育高质量发展的意见》到修订职业教育法，无不彰显着国家对办好职业教育的殷切希望。

（三）职业教育改革的方向与政策

随着经济发展和社会进步，职业教育的地位和作用越来越受到重视。职业教育不仅是培养技术技能人才的重要途径，而且也是推进产业升级、提高劳动者素质、促进社会经济发展的重要手段之一。

为了适应社会需求，职业教育改革也在不断进行。改革的方向主要有以下几个方面。

1. 加强职业教育的实践能力培养。实践能力是职业教育的核心，只有具备了实践能力，才能适应职场需求。

2. 加强职业教育与行业需求的对接。行业发展需要什么样的人才，职业教育就要培养出什么样的人才。

3. 加强职业教育的质量监管。只有保证职业教育的质量，才能让学生得到更好的就业机会和职业发展空间。

4. 加强职业教育与高等教育的衔接。职业教育和高等教育是相互补充的，要实现教育的全面发展，必须加强两者之间的衔接。

5. 在政策方面。国家也出台了一系列支持职业教育改革的政策，比如推动高等教育与职业教育融合发展、加强职业院校建设和师资队伍建设等，以此促进职业教育的健康发展。

三、1+X 证书制度的提出与实践

（一）1+X 证书制度的定义与特点

1+X 证书是学历证书+若干职业技能等级证书制度（简称 1+X 证

书制度）。其中 1 是学历证书，指的是学生在完成了学制系统内一定教育阶段的学习任务后获得的文凭；X 是若干职业技等级证书，指的是学生在获得学历证书的同时，还取得了多类职业技能的等级证书。1＋X 证书是国家职业教育的一项基本制度，也是构建职教发展模式的一项制度创新。

该证书制度的特点主要体现在以下几个方面。

灵活性高：学生可以根据个人兴趣和职业发展需求自由选择职业技能认证证书，不再受限于某一专业或某一领域的学习和认证。

就业竞争力增强：通过获取行业认可的职业资格证书，可以提高就业竞争力，增加职业发展机会。

职业素质提升：职业技能认证证书的学习和考试要求更加贴近实际工作需求，可以有效提升职业素质和技能水平。

个性化定制：学生可以根据自身的发展需求和兴趣进行职业技能认证证书的选择，实现个性化定制的职业发展规划。

1＋X 证书制度的灵活性、个性化定制和职业素质提升等特点，使其成为适应市场需求和个人发展需求的重要证书制度，也是推进职业教育改革和发展的重要举措之一。

（二）1＋X 证书制度的实施范围与层次

1＋X 证书制度是指在高职院校的基础课程学习完成后，学生可根据个人兴趣和职业发展需求自由选择相关职业技能证书的学习和考试，取得1＋X 层次的职业资格证书。其中，1 指的是学历证书，X 则指根据行业和企业的不同需求，可以取得不同的职业技能证书。

1＋X 证书制度的实施范围主要是面向高职院校的学生，包括机械制造、电子信息、建筑工程、医药卫生等各个专业领域。同时，该制度也适用于在职人员和其他具有一定职业技能基础的群体，让其能够快速获取所需的职业技能证书。

在层次上，1＋X 证书制度主要分为两个层次。1 层次是指学历证书，这是必须要取得的证书，是对职业技能的基本认证。而 X 层次则是指根据个人兴趣和职业发展需求，自由选择相关职业技能证书，这是在基本职业技能认证的基础上进一步提升职业素养和职业能力的方式。

总的来说，1+X 证书制度的实施范围广泛，层次丰富，具有较强的针对性和灵活性，能够满足不同人群的职业发展需求，对于推动职业教育改革、提高人才培养质量和适应经济社会发展的需要具有重要意义。

（三）1+X 证书制度的实践效果与意义

1+X 证书制度的实践效果与意义是高职人才培养改革中的重要方面。该制度通过引导学生积极获取行业颁发的认证证书，帮助他们更好地掌握职业技能和就业竞争力，为培养复合型、应用型人才提供了有力的支持。

实践证明，1+X 证书制度可以有效推动高职人才的职业技能提升和发展。通过参与相关职业技能竞赛和考试，学生可以获得更多实践经验和实战能力，从而更好地适应市场需求和就业形势。此外，获得证书还可以为学生提供更多就业机会和晋升空间，提高其职业竞争力。

在国家高等教育改革政策的大力支持下，1+X 证书制度在各地高校得到广泛推广和应用。随着实践经验的不断积累和制度的不断完善，该制度将会更好地发挥其作用，为培养复合型、应用型人才做出更大的贡献。

四、1+X 证书制度的理念与思想内涵

（一）1+X 证书制度的教育思想与价值观

1+X 证书制度的教育思想与价值观包括职业教育的本质理念、学习主体观、能力导向、创新创业、实践能力、协同育人、社会责任等方面。

职业教育的本质理念是以市场需求为导向，以人才培养为核心，以就业为目标，注重实践教学，强调能力培养。

学习主体观是指职业教育要以学生为中心，注重学生的主体地位和发展，尊重学生的个性和特长，注重学生自主学习和自我发展。

同时，能力导向是职业教育的重要特点，强调培养学生的实际工作能力，包括专业技能、创新能力、沟通协调能力等，以提高学生的就业竞争力。

创新创业是1＋X证书制度的重要价值观之一，鼓励学生具备创新意识和创业精神，培养创新创业能力和实践能力。

实践能力是职业教育的重要特点之一，强调学生的实践能力和实际工作能力的培养，以提高学生的实际应用能力。

协同育人是指在职业教育中要注重学校、家庭、社会等多方合作，共同育人，形成全社会共同育人的格局。

社会责任是1＋X证书制度的重要价值观之一，职业教育要注重社会责任教育，培养学生的社会责任意识和责任担当精神，为社会发展做出贡献。

综上所述，1＋X证书制度的教育思想与价值观涉及多个方面，旨在培养具有实践能力、创新能力和社会责任感的高素质人才，以适应社会发展的需要。

（二）1＋X证书制度的培养模式与方法论

1＋X证书制度是一种新型的职业技能证书制度，其中1代表学历证书，而X代表其他技能证书。该制度旨在培养复合型、多技能、高素质的职业人才，以满足社会和经济的多元化需求。

在1＋X证书制度下，高职人才的培养模式也需要相应的调整和改进。要注重培养学生的实际操作能力和职业素养，为他们提供更多的实践机会和实践环境。要重视课程设置和教学方法的改革，以适应1＋X证书制度下的培养要求。同时，要注重学生的创新能力和创业精神的培养，以满足经济发展对创新型人才的需求。

基于以上思路，高职人才的培养方法也需要进行改进。一方面，要加强实践教学，通过实践课程、实习、实训等方式，让学生在真实的职业环境中学习和实践。另一方面，要推行以问题为导向的学习和教学模式，引导学生通过解决实际问题，提高其创新思维和解决问题的能力。此外，还需要注重课程质量和教学质量的监督和评估，建立健全质量管理体系。

总之，1+X证书制度下的高职人才培养模式和方法论需要不断地调整和改进，以适应社会和经济发展的需求。通过建立适合实际的教育教学体系，推动高职人才培养与产业需求的紧密结合，培养具有创新思维、实践能力和职业素养的复合型人才，为经济社会发展提供坚实的人才支撑。

（三）1+X证书制度的人才观与创新精神

1+X证书制度作为高职人才培养的重要组成部分，不仅注重学生的职业能力培养，更注重其创新精神的培养。在这一制度下，学生除了获得1个高职毕业证书外，还可以获得多个行业认可的X证书，这不仅可以提升学生的综合素质，还可以激发其创新意识和探索精神。

在实践中，高职院校应该积极构建具有创新精神的教育环境，引导学生开展创新性实践活动，如创业实践、科技创新等，同时要重视学生的思想教育，注重其自主思考和创新思维的培养，让学生能够具备敏锐的市场洞察力和创新能力，从而更好地适应市场需求，推动经济发展。

此外，1+X证书制度的实施，还可以促进高校与行业的深度合作，提升高校的专业实践能力和行业适应性，使得高校培养出来的人才更加符合市场需求。同时，行业认可的X证书可以帮助学生提升其就业竞争力，更好地融入社会和行业，实现个人价值和社会价值的双赢。

总之，1+X证书制度不仅是一种高职人才培养模式，更是一种培养创新型人才的教育理念和价值观，将有助于推动高等教育改革，提升人才培养质量，促进经济发展。

第二节 1＋X证书制度的目标和意义

一、1＋X证书制度的核心目标

（一）培养复合型技能人才

1＋X证书制度是为了培养复合型技能人才而设计的，这种人才既拥有广泛的职业素养，也具备专业化的技能和实践经验。在传统的高职教育中，学生主要学习某一领域的专业知识和技能，但在实际工作中，他们还需要具备跨学科、跨领域的综合素质和能力，才能更好地适应职场的要求。

1＋X证书制度通过设置一门主修课程1和多门选修课程X，鼓励学生在主修专业的基础上，进一步学习其他领域的知识和技能，培养跨界复合型人才。这种制度的实施，不仅可以增加学生的就业竞争力，还能满足企业和社会对多样化、综合化人才的需求。

同时，1＋X证书制度的培养模式也注重实践教学和创新精神的培养。通过多种形式的实践课程和实习实训，学生能够在真实的职场环境中掌握实用技能和经验，提高解决问题的能力和创新思维。这种教学方法的引入，不仅可以增强学生的实践能力，还可以培养他们的自主学习和自我发展能力。

1＋X证书制度是一种以培养复合型技能人才为目标的教育模式，通过跨领域学习和实践教学，为学生的职业发展和社会服务提供了更广阔的空间和更多的机会。

（二）提高职业素养与综合素质

1＋X证书制度是为了提高职业素养与综合素质。随着时代的发展和经济的不断转型，对于职业人才的要求也在不断提高。传统的专业知识已经无法满足职场的需要，职业素养和综合素质也越来越受到重视。

1+X证书制度将专业技能证书和综合素质证书相结合，旨在培养一批既具备专业知识和技能，又具备良好的综合素质和职业素养的复合型技能人才。这些人才不仅能够适应市场需求，更能够为企业带来更大的价值和贡献。

在1+X证书制度下，学生不仅需要学习专业知识和技能，还需要注重发展自己的综合素质和职业素养。这包括但不限于沟通能力、创新能力、团队合作能力、领导力、责任感等。通过综合素质证书的考核，学生能够更全面地展示自己的能力和优势，提高自己的就业竞争力。

1+X证书制度的实施也促进了高职教育的转型和发展。学校不再只注重传授专业知识和技能，更注重培养学生的综合素质和职业素养。同时，学校也需要根据市场需求调整课程设置和教学方法，让学生更加符合市场需求。

（三）促进职业发展和职业晋升

1+X证书制度的出现，旨在通过多元化、个性化的证书培养方式，促进职业发展和职业晋升。传统的教育体系大多着眼于学生的学历层次和专业技能，而忽略了对职业能力和职业发展的培养。而1+X证书制度则强调个人职业能力的培养和提升，帮助学生更好地适应职业市场的需求。

通过取得多种证书，学生可以在职业发展中拥有更多选择，不再局限于自己的学历和专业背景。同时，证书制度的实施也强调了个人综合素质的提升，包括职业素养、人际交往、团队协作等方面。这些素质的提高对于职业发展和晋升都具有重要的作用。

此外，1+X证书制度还为职业发展提供了更为精准的导向。通过根据职业市场的需求，制定相应的证书标准和培训课程，学生可以更加有效地掌握职业技能，提高职业竞争力。

二、1+X证书制度的重要意义

（一）满足市场需求，提高就业率

1+X证书制度的一个重要目标就是满足市场需求，提高高职毕业生的就业率。随着社会经济的不断发展，市场需求也在不断变化和升级，企业对于员工的专业技能和素质要求也越来越高。传统的学历教育无法完全满足企业的需求，这就需要教育体系进行改革和创新。

1+X证书制度通过引入职业资格证书和行业证书的考核，使得学生能够获得更加实用性的技能和知识，提高其职业素养和综合素质。这不仅能够满足市场需求，提高就业率，还能够为学生的职业发展和职业晋升提供更广阔的空间。

同时，1+X证书制度的实施也能够促进高等教育体系的改革和创新，推动教育与产业的深度融合，增强高职教育的社会适应性和市场竞争力。通过不断地优化和完善证书体系，加强教育与产业的协作，高职毕业生的就业率和薪资水平也将会得到进一步提高。

（二）促进人才流动，弥补技能短板

1+X证书制度作为一种新型的职业教育培养模式，旨在培养具备复合型技能和综合素质的人才，满足市场需求，促进人才流动，弥补技能短板。在传统的职业教育模式中，通常只重视技能的培养，而忽视了综合素质的提升。而在1+X证书制度下，高职院校的学生除了要完成学校规定的专业课程外，还要通过参加相关的职业资格认证考试，获得相应的职业资格证书，以证明自己具备了一定的职业素养和实践能力。

此外，1+X证书制度还可以促进人才的流动。因为不同地区的市场需求不同，而获得不同职业资格证书的人才可以更加灵活地适应市场需求，实现地区间的人才流动，进一步提高了人才的就业竞争力。

（三）推动教育创新，促进教育改革

1+X 证书制度是为了推动教育创新，促进教育改革。这一制度不仅为学生提供了多样化的学习和证书获得途径，也为教育机构提供了更多的灵活性和创新空间。通过引入行业认证证书和技能培训证书，这一制度打破了传统教育模式下的课程和证书单一化问题，提高了学生的综合素质和技能水平。

同时，这一制度也促进了教育机构和企业之间的合作，为职业教育与产业发展的深度融合提供了契机。这一制度也加强了教育机构和企业之间的沟通和交流，帮助教育机构更好地把握市场需求和产业发展动态，为培养适应社会和市场需求的高素质人才提供了有力保障。

此外，这一制度还通过多元化的证书获得途径和标准，促进了人才流动和职业晋升。学生可以根据自身需求和职业发展规划选择适合自己的职业证书，从而提高自己在职场中的竞争力和职业发展空间

（四）培养创新型人才，促进经济发展

1+X 证书制度作为职业教育改革的重要措施，不仅能够提高职业素养和综合素质，促进职业发展和职业晋升，满足市场需求，弥补技能短板，还能够培养创新型人才，促进经济发展。

随着经济发展的快速变化，市场对人才的需求也在不断变化。1+X 证书制度的实施，能够使职业教育更加贴近市场需求，提高人才的就业竞争力和适应能力。同时，该制度通过多证书的培养方式，能够使学生具备多种技能，培养创新型人才，为经济发展注入新的动力。

1+X 证书制度还可以促进经济结构调整和产业升级。随着信息技术的发展和经济结构的变化，职业教育需要不断更新课程内容和教学方法，以适应市场需求和经济发展的变化。1+X 证书制度能够推动教育创新，促进教育改革，提高职业教育的质量和效益。

第三节　高职人才培养的概念与要求

一、高职人才培养的概念

（一）高职人才的定义与特点

高职人才是指具有高等职业教育背景、拥有一定专业技能、具备较强实践能力和职业素养的人才。与普通本科生相比，高职人才更注重实践能力的培养，更具有职业化、实用性和就业性的特点。

高职教育作为一种针对职业教育的高等教育类型，具有开放性、多元化和灵活性的特点，为培养适应市场需求的高素质、复合型的职业技能人才提供了更广泛的发展平台。高职人才具有扎实的专业知识和技能，能够快速适应市场和行业的变化，具有更高的就业竞争力。

同时，高职人才也具有较强的实践能力和职业素养，能够快速融入工作环境，具备较强的创新意识和创业精神，能够为企业的发展和创新注入新的活力和动力。

高职人才的培养目标是培养适应市场需求、具备较高职业素养和实践能力的职业技能人才，具有职业化、实用性和就业性的特点。随着经济的不断发展和市场需求的变化，高职人才的培养也需要不断调整和优化，以适应新时代的发展需求。

（二）高职人才培养的目标与定位

高等职业教育是指在普通高中毕业之后，通过参加高等职业教育学习，获取专门职业技术知识和技能，成为具有一定职业素养和职业能力的高级技术技能人才。高职人才培养旨在培养适应社会和经济发展需要的，具有较高职业素养和职业能力，能够胜任某一领域职业所需的高级技术技能人才。

高职人才培养的定位在职业教育与普通高等教育之间，与普通高校教育不同，高职人才培养更侧重于实践性、应用性和职业性。与职业培训不同，高职人才培养更重视学科建设、理论研究和教育质量。因此，高职人才的培养目标既包括技术技能的掌握，也包括职业素养的提升和综合素质的培养。

高职人才培养的目标主要有以下几个方面。第一，使学生掌握一定的职业技能和知识，提高就业竞争力。第二，加强实践教学，培养学生动手能力和解决问题的能力。第三，加强职业素质教育，培养学生具有职业道德、职业责任心和职业精神。第四，强化综合素质教育，培养学生的综合素质和创新精神。第五，加强产学研结合，培养学生的实践能力和创新能力。

二、高职人才培养的要求

（一）实践能力培养

高职人才实践能力的培养是高职教育的主要任务之一。在高职教育中，实践环节是非常重要的，它是将理论知识转化为实践能力的关键环节。因此，高职教育必须重视实践教学的设计和实施。

高职人才的实践能力培养主要包括以下几个方面。

实践教学体系的建设：高职教育需要建立与实际工作相结合的实践教学体系，包括实训中心、实验室、实习基地等，为学生提供良好的实践环境。

实践课程的设置：高职教育需要设置符合职业要求的实践课程，强化实践教学内容，使学生掌握实践操作技能、问题解决能力等。

实践教学方式的创新：高职教育需要创新实践教学方式，采用项目驱动、实践教学、案例教学等方式，加强学生的实践能力培养。

企业合作的开展：高职教育需要与企业合作，开展产学研合作项目，让学生参与到实际项目中，锻炼实践能力。

通过以上实践能力培养，高职人才将能够更好地适应市场需求，具备解决实际问题的能力，成为企业所需要的高素质人才。

（二）专业素质培养

高职人才的专业素质培养是高职教育的核心内容之一，旨在通过专业知识和技能的学习、实践和运用，培养学生具备良好的专业素质和实际能力。高职人才的专业素质包括学科基础知识、专业技能、创新能力、应用能力、实践能力、团队合作精神等多个方面。

为了培养学生的专业素质，高职教育应注重以下几个方面。

加强学科基础知识的学习。高职人才的专业素质建立在扎实的学科基础知识之上，学生需要深入掌握相关学科的理论知识和基本概念，为将来的职业发展打下坚实的基础。

注重实践能力的培养。高职教育应该注重学生的实践能力培养，让学生通过实际操作、实验、实训等方式，熟悉并掌握所学的专业技能，并且能够将所学知识和技能应用到实际工作中。

培养学生的创新能力和应用能力。随着科技的不断发展，行业和市场的需求也在不断变化，高职人才需要具备较强的创新能力和应用能力，能够不断适应市场需求和行业变化。

加强团队合作精神的培养。高职人才需要具备良好的团队合作精神，能够与团队成员共同协作、交流和协商，实现团队目标。

总之，高职教育应该注重学生的专业素质培养，让学生具备扎实的学科基础知识、较强的实践能力和创新能力、优秀的团队合作精神等综合素质，以满足市场需求和行业要求，为学生的职业发展打下坚实的基础。

（三）职业发展规划能力培养

高职人才职业发展规划能力的培养是高职教育中的主要任务之一。随着社会发展和就业形势的变化，传统的教育模式已不能满足现代职业发展的需求，高职教育应该引导学生充分了解自己的职业兴趣和能力，制定合理的职业发展规划，做好职业生涯规划，促进学生的职业发展。

高职人才职业发展规划能力的培养应包括以下方面。

1. 职业兴趣和能力的自我认知。学生应该了解自己的兴趣和能力，明确自己的职业发展目标，避免盲目选择职业方向。

2. 职业发展信息的获取与分析。学生应该掌握职业发展信息的来源和获取方式，能够对所获取的信息进行分析和评估，制定合理的职业发展规划。

3. 职业规划的制定与实施。学生应该了解不同职业的发展方向和职业路径，制定符合自身情况的职业规划，并在职业生涯中根据需要进行调整和完善。

4. 职业发展能力的提升。学生应该不断提高自己的职业素质和专业技能，增强自己的竞争力，适应职业发展的需求。

高职人才职业发展规划能力的培养应该贯穿整个高职教育过程，通过多种方式进行，如职业生涯规划课程、职业咨询服务、实习就业指导等，为学生提供全方位、多元化的职业发展支持。

第四节　1＋X证书制度对高职人才培养的影响与挑战

一、1＋X证书制度对高职人才培养的影响

（一）强化实践教育，提高人才质量

1＋X证书制度对高职人才培养的影响是非常积极的，其中最主要的影响是强化实践教育，提高人才质量。传统的教育教授的是理论知识，而1＋X证书制度则鼓励学生在实践中发现问题、解决问题。在这个过程中，学生需要不断地学习和掌握新的知识和技能，以适应日新月异的社会和市场需求。

同时，1＋X证书制度也促使高职院校加强实践环节的设计，如实验、实训、实习等，让学生在实践中提升自己的技能，不断积累实践经验。这种

实践教育对于培养高素质的技能型人才非常重要，也是提高高职人才质量的关键。

除了强化实践教育外，1+X 证书制度还可以为高职人才提供更多的学习机会和选择，鼓励他们在学习的同时积累更多的证书和实践经验。这不仅可以丰富他们的知识和技能，也可以增强他们的就业竞争力和职业发展潜力。

（二）提高就业竞争力，拓宽职业发展空间

1+X 证书制度对高职人才的培养产生了积极的影响，其中之一是提高了高职人才的就业竞争力，拓宽了他们的职业发展空间。

随着经济的发展和市场的需求不断变化，职业教育的培养目标也需要适应变化。通过1+X证书制度，高职教育更加注重学生的实际能力和职业技能，不仅注重学生的学历和知识水平，更加注重学生的实践能力和职业素养。这种培养方式更加符合社会的需求，也使得高职毕业生的就业竞争力得到了提升。

1+X 证书制度要求学生不仅要取得高职学历，还要取得一定的职业证书。这些证书代表着学生具备一定的职业技能和实际操作能力，能够更好地适应市场的需求。拥有这些职业证书的高职毕业生，更容易受到用人单位的青睐，提高了他们的就业竞争力。

此外，职业证书还能够拓宽高职毕业生的职业发展空间。在求职时，拥有职业证书的毕业生相比其他毕业生，更有机会进入与自己专业相关的领域，而不仅仅局限于某一领域的某一职位。同时，职业证书还可以帮助高职毕业生在工作中不断提升自己的职业技能和水平，实现职业生涯的发展和提升。

（三）建立行业标准，促进产教融合

随着技术不断更新，行业发展不断变化，行业标准也需要不断更新和完善。而在实践中，1+X 证书制度能够通过对应的证书要求，帮助学生了解

行业标准，培养掌握相关技能的能力。这不仅有利于学生在就业市场上的竞争力，同时也推动了高职教育与产业之间的深度融合。通过加强与行业的联系，高职教育的教学内容和培养目标更加贴合市场需求，提高了毕业生的就业能力和创新能力。

此外，该制度也有助于激发学生对于学科的兴趣和热情。通过对各个领域的证书要求，学生能够更深入地了解自己所学的专业，并激发对学科的热情和兴趣，从而提高学生的学习积极性和主动性。这也为学生未来的职业规划和发展提供了更多的选择和可能性。

（四）推动教育改革，提高教学质量

传统的职业教育往往缺乏实际产业需求的指导，学生学习的知识和技能与实际用工岗位之间存在较大差距。而1+X证书制度的出现，将行业标准与教育标准紧密结合，通过制定各类行业认证证书的培养方案，有效提高了高职人才的职业素养和专业技能，让学生的学习更加贴近实际用工需求。这有助于提高高职人才的就业竞争力，拓宽职业发展空间。

同时，1+X证书制度的实施还促进了产教融合，让学校和企业之间的合作更加紧密。通过与企业共同制定行业标准和证书认证方案，学生可以更加深入地了解实际用工需求，更加有效地掌握实践技能。而企业也可以从中挑选到更加优秀的高职人才，促进了高职人才与企业之间的合作。

在实践中，1+X证书制度的推行还可以促进教育改革，提高教学质量。随着制度的不断完善和推广，各高职院校也需要不断提高教师教学水平，以适应新的教育标准和行业需求。这有助于推进高职院校的教育改革，提高教学质量，为高职人才的培养提供更好的教育资源和教学环境。

1+X证书制度的推行对高职人才的培养产生了积极的影响。其有效强化了实践教育，提高了高职人才的职业素质和技能水平，提高了就业竞争力和职业发展空间。同时，推进了产教融合，促进了教育改革，提高了教学质量。

二、1+X证书制度对高职人才培养的挑战

（一）教学资源和师资的匮乏

随着1+X证书制度的推行，高职院校面临了一些新的挑战。其中最大的挑战之一是教学资源和师资的匮乏。要推进1+X证书制度，需要大量的实践课程和实训基地，但是很多高职院校的教学资源和实训设备相对薄弱。此外，高职院校的师资队伍在实践教学方面的能力也需要进一步提升。

针对这些挑战，高职院校可以通过多种途径加强教学资源和师资建设，例如，增加教学投入，引进优秀的教学资源和教师，与企业合作建设实训基地等。此外，高职院校还可以加强与其他院校、企业和行业协会的合作，共享教学资源和师资，提高教学质量和实践能力。

在面对1+X证书制度带来的挑战时，高职院校需要不断创新教学模式和教学方法，提高教师和学生的实践能力，增强学生的职业素养和综合素质，为社会培养更多、更好的高职人才。

（二）证书体系与教学内容的不匹配

1+X证书体系是当前国内高等教育中一种比较流行的教育模式，其核心思想是在普通本科教育基础上，提供一定程度的职业技能培训，以增强学生的就业竞争力。而教学内容的不匹配则指的是在实际实施过程中，很多学校在选取和开设职业课程时，存在内容与证书体系不匹配的情况，导致学生在完成职业课程后无法获得相应的证书或职业技能。

1+X证书体系的建立是为了解决目前普通本科教育无法满足就业市场对职业技能的需求。然而，在选取和开设职业课程时，许多学校过于注重课程的实用性和职业性，而忽略了课程内容的全面性和深度性。这导致了许多

职业课程只是简单地教授一些表面上的技能，而没有对相关专业知识进行深入探讨。因此，即使学生完成了相关职业课程的学习，也无法在证书考试中获得高分或通过考试。

1＋X 证书体系注重实践能力，但很多学校却无法为学生提供充足的实践机会。许多职业课程仅仅停留在理论阶段，缺乏真实的实践环节。这就导致学生在职业实践中面临很大的困难，无法适应实际工作环境。因此，即使学生获得了相应的证书，也可能在职业实践中无法胜任相关工作。

1＋X 证书体系的实施需要大量的师资和教学资源。然而，很多学校并没有足够的师资和教学资源，导致职业课程的教学质量无法得到保证。这就使得学生在职业课程中无法获取有效的知识和技能，从而无法达到证书考试的要求。

综上所述，1＋X 证书体系与教学内容的不匹配主要是由于学校在选取和开设职业课程时忽略了课程内容的全面性和深度性，缺乏充足的实践机会、师资和教学资源不足等原因导致的。因此，学校应该在实施 1＋X 证书体系时，需要注意以下几点。

第一，学校应该重视课程的全面性和深度性，不仅仅注重职业性和实用性。教学内容应该既包括职业技能的教授，也包括相关专业知识的深入探讨，从而让学生既能够掌握实用技能，又能够了解相关专业知识。

第二，学校应该为学生提供充足的实践机会，让学生在实际操作中熟练掌握职业技能。实践环节应该尽可能贴近实际工作环境，让学生能够适应实际工作需要。

第三，学校应该投入足够的师资和教学资源，保证职业课程的教学质量。师资应该具备相关的职业技能和丰富的实践经验，教学资源应该满足职业课程的教学需求。

第四，学校应该在实施 1＋X 证书体系时，充分考虑就业市场的需求，选取和开设符合市场需求的职业课程。同时，应该注意证书体系与教学内容的匹配性，让学生在完成职业课程后能够顺利获得相应的证书和技能。

（三）实践教育的困难和挑战

高职人才培养的核心在于实践能力的培养，而 1+X 证书制度的实施更加强调实践教育。然而，实践教育的困难和挑战也是显而易见的。高职院校可能面临着实践教学资源的匮乏，如实验室设备不足或者实践基地缺乏，这可能会影响学生的实践能力的培养和证书的获得。实践教学的内容和形式需要与证书体系相匹配，这需要高职院校进行调整和改进。实践教育需要面对行业技术发展的挑战和变化，这需要高职院校及时更新课程和实践内容，以保持与行业的接轨。

实施 1+X 证书体系的过程中，会面临一些困难和挑战。

教学资源不足：实施 1+X 证书体系需要投入大量的师资、教材、设备等教学资源，如果这些资源不足，就会影响到教学效果。

证书水平不一：不同的证书水平差异较大，有些证书水平较低，难以满足企业的用人需求，有些证书水平则较高，对学生的要求较高。因此，在选择证书时需要仔细考虑，确保证书与学生的实际情况相匹配。

学生兴趣和动力不足：有些学生可能对某些证书不感兴趣，或者认为自己无法达到该证书的要求，导致缺乏动力和积极性，难以取得好成绩。

就业市场变化：随着时代的变化，就业市场需求也在不断变化，某些证书可能在未来不再受到欢迎，或者被其他更具竞争力的证书所替代。

经费投入不足：实施 1+X 证书体系需要大量的经费支持，包括购买教材、设备、实践场所等，如果经费投入不足，就会影响到教学质量和效果。

综上所述，实施 1+X 证书体系需要充分考虑到各种困难和挑战，针对不同问题采取相应的措施，例如，增加教学资源、选择适合学生的证书、提高学生的动力和兴趣等，从而保证 1+X 实践教育的质量和效果。针对实践教育的困难和挑战，高职院校需要采取措施来应对。例如，可以加强与企业的合作，利用企业的实践资源进行实践教学；可以开展虚拟仿真实践教学，提高学生的实践能力；可以加强实践教师队伍建设，提高教师的实践教学水平等。

（四）证书市场的乱象和规范化问题

1+X 证书体系的推广和实施，在一定程度上促进了职业教育的发展和学生的就业。但是，随着证书市场的逐渐扩大，一些问题也逐渐浮现，主要体现在证书市场的乱象和规范化问题上。

一方面，1+X 证书市场存在乱象。例如，一些培训机构和教育机构为了追求经济利益，将一些无用或者水平较低的证书作为宣传点，诱导学生花费大量的时间和金钱去取得这些证书。这些证书可能并不能提升学生的职业技能，反而会浪费学生的时间和金钱。

另一方面，1+X 证书市场需要规范化。目前，证书市场缺乏标准和监管，一些无良培训机构和教育机构利用学生对证书的追求，恶意诱导和欺骗，损害了学生的利益和权益。为了解决这些问题，需要进行一系列的规范化措施。

证书制度的规范化：建立统一的证书制度和认证机制，保证证书的真实性和有效性。

培训机构规范化：加强对培训机构的监管，规范培训机构的办学行为，防止培训机构恶意诱导和欺骗。

教育机构规范化：加强对教育机构的监管，规范教育机构的办学行为，保证教育机构提供的证书和教育质量的真实性和有效性。

学生权益保障：加强对学生权益的保障，建立投诉和维权机制，对侵犯学生权益的机构和个人进行惩处和处罚。

综上所述，1+X 证书市场存在乱象和规范化问题，需要进行一系列的规范化措施，从而保证证书市场的正常运作和学生权益的保障。

三、如何应对 1+X 证书制度带来的影响与挑战

（一）加强教师培训和教学资源建设

随着国家推行的 1+X 证书制度的实施，教育领域也面临着新的影响和挑战。这个制度的目的是鼓励学生在校期间参加职业技能培训和证书考试，提高其职业素养和竞争力。然而，这也给教师培训和教学资源建设带来了一定的压力和挑战。

教师要适应不断变化的职业技能培训和证书考试要求，需要不断更新自己的专业知识和技能。这就需要教师进行长期的职业发展和学习，同时还需要不断接触和了解最新的教学资源和技术。

教学资源建设也需要针对 1+X 证书制度的要求进行调整和更新。学生需要更多的实践机会和技能培训，因此需要更多的实验室、工作室等教学场所和设备。同时，教师还需要不断开发和更新教材和教学资源，以满足学生的不断变化的学习需求。

针对以上挑战，加强教师培训和教学资源建设是必不可少的。具体来说，可以采取以下措施。

加强教师培训，提高其职业素养和教学技能。可以通过开展专业知识和技能培训、实践教学等形式，让教师了解最新的职业技能培训和证书考试要求，提高其对学生的指导和支持能力。

增加教学资源投入，建设更多的实验室、工作室等教学场所和设备。可以通过投入更多的经费和资源，为学生提供更好的学习环境和实践机会，同时也能为教师提供更好的教学资源和支持。

开发和更新教材和教学资源，满足学生不断变化的学习需求。可以通过加强教学研究和教学团队建设，与行业企业合作等方式，开发和更新符合 1+X 证书制度要求的教材和教学资源。

综上所述，加强教师培训和教学资源建设是应对 1+X 证书制度带来的

影响和挑战的有效途径，也是教育改革和发展的必要条件。

（二）优化课程体系和教学内容

随着国家推行的 1+X 证书制度的实施，学生在校期间将会更多地参加职业技能培训和证书考试。这将对课程体系和教学内容带来一定的影响和挑战。如何优化课程体系和教学内容，以满足学生职业技能培训和证书考试的需要，是当前教育领域需要解决的问题。

1. 优化课程设置

针对 1+X 证书制度，学校可以根据职业技能培训和证书考试的要求，适当调整和优化课程设置。可以增加一些与职业技能相关的课程，为学生提供更多的实践机会和技能培训。同时，可以将一些职业技能相关的课程纳入到公共必修课程中，提高学生的职业素养和竞争力。

2. 更新教学内容

学校可以根据职业技能培训和证书考试的要求，更新教学内容，使其更加贴近实际职业技能要求。可以开展与行业企业合作，邀请相关企业的专业人员来学校进行教学或实践指导，让学生了解实际职业技能的应用和要求。

3. 引入新的教学方法和技术

针对职业技能的教学要求，学校可以引入一些新的教学方法和技术，例如项目驱动教学、实验教学等。这些教学方法和技术可以帮助学生更好地掌握实际职业技能，提高学生的实际操作能力。

4. 培养学生的自主学习能力

1+X 证书制度的实施，要求学生具备更强的自主学习能力。因此，学校可以通过课外活动、实践机会等方式，培养学生的自主学习能力。同时，也可以引导学生在校内外进行职业技能培训和证书考试，提高学生的职业素养和竞争力。

综上所述，优化课程体系和教学内容是应对 1+X 证书制度带来的影响和挑战的重要途径。学校可以根据职业技能培训和证书考试的要求，适当调整和优化课程设置，更新教学内容，引入新的教学方法和技术，培养学生的自主学习能力，以满足学生的实际需求和提高学生的职业素养和竞争力。在这一过程中，学校可以与行业企业合作，积极开展教育教学改革，创新教学方式方法，建立起适应1+X证书制度的教育教学体系，促进学生的全面发展和未来职业发展。此外，教师的培训和教学资源建设也是优化课程体系和教学内容的重要支撑，需要学校注重教师专业技能的提升，为教师提供更加丰富的教学资源和支持，以提高教师的教学水平和教学质量，更好地应对1+X证书制度的挑战。优化课程体系和教学内容是适应1+X证书制度的重要策略，它可以帮助学生更好地掌握职业技能，提高学生的职业素养和竞争力，促进学生的全面发展和未来职业发展。学校需要积极开展教育教学改革，创新教学方式和方法，建立起适应1+X证书制度的教育教学体系，同时注重教师培训和教学资源建设，提高教师的教学水平和教学质量，为学生的职业发展提供更加丰富的支持和保障。

（三）加强实践教育和社会合作

随着1+X证书制度的推广，学生职业技能的掌握和实践经验的积累将成为就业市场中不可或缺的竞争力。因此，加强实践教育和社会合作是应对1+X证书制度带来的影响和挑战的关键举措之一。

学校应该加强实践教育的建设，开展更为系统和完善的职业技能培训。实践教育是将理论知识与实际操作相结合的重要手段，可以帮助学生更好地掌握职业技能和实践经验。学校可以通过开设实验课程、实习、实训等形式，提供多元化的实践教育机会，帮助学生掌握实际操作技能，提高职业素养和竞争力。此外，学校还可以积极组织职业技能比赛和实践活动，让学生参与其中，提升他们的实践能力和竞争力。

加强学校与行业企业的合作，开展更广泛的社会合作是应对1+X证书制度的另一重要策略。学校可以与企业合作开展职业技能培训、实习、就业指导等活动，让学生与企业接轨，深入了解行业需求，掌握实际操作技能，提高职业素养和竞争力。同时，学校还可以通过合作研究和项目开发等方式，促进教学资源的共享和创新，提高教学质量和水平。

需要注意的是，加强实践教育和社会合作不仅是学校的责任，也需要行业企业的积极参与和支持。企业可以为学生提供实习、就业机会，分享行业经验和技术，提供实际操作平台和资源支持，帮助学生掌握职业技能和实践经验。

总之，加强实践教育和社会合作是应对1+X证书制度带来的影响和挑战的重要策略，可以帮助学生更好地掌握职业技能和实践经验，提高职业素养和竞争力，促进学生的全面发展和未来职业发展。需要学校、行业企业和社会各方共同参与和支持，形成良好的合作机制，共同推动职业教育的发展。此外，政府也应该加强对职业教育的支持和引导，提供相关政策和资金支持，促进学校、行业企业和社会各方的合作，共同推动职业教育的发展和提高。

同时，加强实践教育和社会合作也需要注意以下几点。

1. 需要加强与行业企业的沟通和合作，深入了解行业需求和趋势，及时调整和优化课程设置和教学内容。

2. 需要加强教师的实践经验和职业素养培养，提高教师的实践能力和行业认知水平，更好地指导学生进行实践教育和职业技能培训。

3. 需要建立规范的实践教育评价机制，及时跟踪学生的实践表现和成果，为学生提供有效的反馈和指导，促进学生的实践能力和职业素养提高。

4. 需要加强学生的安全教育和保护，确保学生在实践活动中的人身安全和财产安全。

5. 需要加强与社会各界的合作，充分利用社会资源和专业机构的支持，提供更为多元化和丰富的实践教育机会和资源，促进学生的实践能力和职业素养提高。

综上所述，加强实践教育和社会合作是应对1+X证书制度带来的影响和挑战的重要策略之一。需要学校、行业企业、政府和社会各方共同参与和支持，建立规范的合作机制，促进职业教育的全面发展和提高。

（四）规范证书市场和推进证书认证机制的建立

随着1+X证书制度的实施，证书市场的规范化和证书认证机制的建立也成为应对该制度带来的影响和挑战的重要举措之一。具体来说，应从以下几个方面入手。

1. 加强证书市场监管和规范。当前，职业教育领域证书市场存在一些不规范、不透明和低质量的问题，如乱收费、虚假宣传、不良竞争等。这些问题严重影响了学生的选择和就业，也损害了职业教育的声誉和质量。因此，需要加强证书市场监管和规范，建立健全的市场准入机制、信息公示和投诉处理机制等，打击不良行为，维护市场秩序和学生的合法权益。

2. 推进证书认证机制建设。证书认证是衡量职业教育质量的重要指标之一，也是促进职业教育与行业需求对接的关键环节。因此，需要建立完善的证书认证机制，规范证书认证流程和标准，加强证书认证机构的监管和评估，提高证书认证的权威性和可信度。

3. 加强行业标准的制定和推广。行业标准是职业教育与行业需求对接的桥梁和纽带，也是制定职业教育课程和教学内容的依据。因此，需要加强行业标准的制定和推广，促进行业与教育的良性互动和合作，提高职业教育的针对性和实效性。

4. 引导学生理性选择证书。对于学生来说，选择证书应该是基于自身兴趣、能力和职业规划来确定的，不能只是为了获取证书而盲目选择和报名。因此，需要加强学生职业规划教育和指导，引导学生理性选择证书，避免浪费时间和金钱。

综上所述，规范证书市场和推进证书认证机制的建立是应对1+X证书制度带来的影响和挑战的关键策略之一。需要政府、教育机构、行业企业和社会各方共同努力，建立健全的市场监管和认证机制，引导学生理性选择证书，促进职业教育与行业需求的对接，提高职业教育的质量和实效。同时，也需要加强对证书市场的研究和监测，及时发现和解决问题，保障职业教育和市场的健康发展。

此外，还需要注意以下几点。

1. 建立公正、透明的评价机制。证书制度要真正服务于人才培养和职业发展，需要建立公正、透明的评价机制。评价机制应当充分考虑行业需求和学生实际技能，避免成为各种机构和利益集团的牟利工具。

2. 提高证书的实用性。证书的实用性是其存在的根本。因此，教育机构、行业企业和证书认证机构应当共同努力,提高证书的实用性和应用价值。这不仅包括证书的内容和标准，还包括与行业需求的对接、教学内容和课程体系的完善等方面。

3. 加强学生职业素养培养。证书制度只是职业教育的一部分，真正的职业素养还包括学生的工作态度、沟通能力、团队合作能力等方面。因此，需要加强学生职业素养培养，提高学生综合素质和职业能力。

总之，应对 1+X 证书制度带来的影响和挑战需要全社会的共同努力。需要政府、教育机构、行业企业和社会各方加强合作，建立健全的市场监管和认证机制,推进职业教育与行业需求的对接,提高职业教育的质量和实效。同时，也需要注意证书的实用性和学生职业素养的培养，确保证书制度能够真正服务于人才培养和职业发展。

第二章

1+X 证书制度下高职复合型技术技能人才培养模式的理论探讨

第一节　1+X 证书制度的理论基础

一、1+X 证书制度的理论依据

（一）国家教育改革和人才培养规划

1+X 证书制度是近年来我国职业教育改革的重要举措之一，其理论基础可追溯到国家教育改革和人才培养规划。1999 年 6 月 13 日，中共中央、国务院作出《关于深化教育改革全面推进素质教育的决定》，提出全面推进素质教育，培养适应 21 世纪现代化建设需要的社会主义新人；深化教育改革，为实施素质教育创造条件。同时，为了适应市场需求和发展要求，国家相继发布了《职业教育改革实施方案》等一系列政策文件，提出了加强职业教育的重要性，并且指出了职业教育应该向市场需求导向、产教融合方向、素质导向等方向发展。

在人才培养规划方面，国家将高职教育作为培养高素质技能人才的重要途径之一，强调高职教育应该紧密结合产业和市场需求，注重实践教学和能力培养，以提高学生的职业技能和就业竞争力。

（二）职业教育发展和产业需求

职业教育是国家教育改革的重点之一。在国家人才培养规划中，职业教育被列为重点发展方向，要求加强职业教育的实践性和适应性。而1+X证书制度正是围绕这一目标而设计的，通过加强实践教育，提高学生的职业素养和综合素质，以满足产业对高素质职业人才的需求。

产业需求是1+X证书制度的另一个重要理论基础。随着经济的快速发展和技术的不断创新，各个行业对人才的要求也在不断变化。因此，职业教育需要紧密结合产业需求，培养适应当前和未来发展的职业人才。而1+X证书制度的目的是建立行业标准，促进产教融合，使职业教育更贴近实际工作，提高人才的就业竞争力和职业发展空间。

（三）人才评价和认证的国际趋势

1+X证书制度作为一种新型的职业教育证书体系，在国内逐渐得到了广泛的认可和推广。其理论基础主要来自于国家教育改革和人才培养规划、职业教育发展和产业需求，以及人才评价和认证的国际趋势。

国家教育改革和人才培养规划为1+X证书制度提供了理论支撑。国家教育改革和人才培养规划指出，要逐步建立符合国际标准、有中国特色、以适应国民经济和社会发展需要为导向的高等职业教育体系，加强与产业发展的衔接，培养高素质、应用型、复合型的技能人才。1+X证书制度的实施正是贯彻了这一理念，为适应产业发展需要，提高高职人才的素质和能力，增强他们的就业竞争力提供了新的途径。

职业教育发展和产业需求也为1+X证书制度提供了理论基础。随着国内产业结构的不断调整和升级，越来越多的企业开始注重人才的实际能力和实践经验，而非仅关注学历和证书。1+X证书制度正是为了满足这一产业需求而应运而生，其目的是通过颁发不同级别的职业技能证书来评估和认证职业技能水平，以适应市场对人才的需求。

人才评价和认证的国际趋势也为1+X证书制度提供了理论基础。在国际上，各国都在不断探索和实践职业教育的改革和创新，其中认证制度是关键环节之一。1+X证书制度将国际认证标准引入国内职业教育领域，逐渐与国际接轨，推动中国职业教育的国际化进程，提高中国职业教育的国际影响力。

二、1+X证书制度的理论模型

1+X证书制度是一种以职业能力为导向的证书体系，旨在提高人才培养质量和就业竞争力。其理论模型主要包括四个方面：证书分类和标准体系、证书发行和认证机制、证书应用和评价体系、证书市场和行业联盟。

（一）证书分类和标准体系是1+X证书制度的核心

该体系将证书分为基础性证书和职业能力证书两类，基础性证书为高职教育阶段学生必须获得的学科知识证书，职业能力证书则为与专业相关的职业能力证明。同时，该体系制定了一系列标准，如证书的等级、颁发机构、考试方式等，以确保证书的权威性和可信度。

1+X证书制度的核心在于职业技能证书，这些证书被分类为1和X两个部分，是该制度的重要标准体系。证书分类主要是按照不同的职业领域、不同的职业技能要求和不同的职业水平划分的。而证书标准体系则是根据不同的职业领域、不同的职业技能要求和不同的职业水平设定的证书标准。

证书分类主要是为了便于对职业技能进行分类管理和评价。按照1+X证书制度的要求，职业教育和培训机构要按照行业标准和技能要求开设课程和培训项目，并提供相应的教学资源和教学环境，帮助学生掌握职业技能。根据不同的职业领域、不同的职业技能要求和不同的职业水平，制定相应的职业技能证书。比如，在餐饮服务领域，可以有烹饪师、调酒师等不同的职业技能证书。这些证书既可以是独立的证书，也可以是组合的证书，根据不同的行业和职业要求，制定相应的证书分类。

证书标准体系则是为了确保职业技能证书的质量和标准化。标准体系根据不同的职业领域、不同的职业技能要求和不同的职业水平，设定不同的职业技能证书标准。证书标准一般包括职业技能知识、职业技能操作、职业素养等多个方面。职业技能知识是指在相关领域内掌握的理论知识，职业技能操作是指在相关领域内掌握的实际操作技能，职业素养则是指职业道德和职业态度等方面的素养。

证书标准体系的建立不仅有利于职业技能证书的质量和标准化，也有利于保证职业教育和培训的质量和标准化。职业教育和培训机构可以根据证书标准体系来制定教学计划和教学大纲，开展相应的课程和培训，确保学生掌握职业技能和素养。同时，证书标准体系还可以为职业技能的认证提供支持。通过考核和评价，能够更加客观、科学地评估学生的职业技能水平和素养，为学生提供更多的职业发展机会。

总之，1+X 证书制度的理论模型主要包括证书分类和标准体系两个方面，这两个方面的建立和完善是该制度能够有效实施的基础。在证书分类方面，应该结合不同的职业领域、不同的职业技能要求和不同的职业水平，制定相应的职业技能证书，便于对职业技能进行分类管理和评价。在证书标准体系方面，应该根据不同的职业领域、不同的职业技能要求和不同的职业水平，设定相应的职业技能证书标准，确保职业技能证书的质量和标准化，并为职业教育和培训提供支持。

此外，为了更好地推动 1+X 证书制度的实施，还需要各方面的积极参与和努力。职业教育和培训机构应该加强师资队伍建设、课程体系优化、教学资源建设和实践教育开展等方面的工作；企业应该加强与职业教育和培训机构的合作，提供更多的职业技能培训机会；政府应该加强管理和监督，规范证书市场，推进证书认证机制的建立，保障 1+X 证书制度的顺利实施。只有全社会的共同努力，才能使 1+X 证书制度发挥最大的效益，为中国职业教育和人才培养事业作出更大的贡献。

（二）证书发行和认证机制是保障1+X证书制度有效性的重要环节

该机制规定了证书的发行和认证流程，包括证书颁发机构的申请和资格审核、考试内容的制定和评审、考试场地的设置和管理等，以确保证书的质量和可靠性。

1+X证书制度的理论模型除了证书分类和标准体系外，证书发行和认证机制也是保障该制度有效性的重要环节。证书发行和认证机制可以确保证书的真实性和可信度，保障证书的有效性和价值。

证书发行机制包括证书的颁发和注册。颁发机构应该具备一定的资质和能力，如职业教育和培训机构、行业协会、政府等。颁发机构应该严格按照制定的证书分类和标准体系，对考核合格的学生颁发相应的职业技能证书。颁发机构应该对证书的真实性和可信度进行审核，防止证书的虚假颁发和滥发。

证书注册是指将证书信息录入到职业技能证书管理系统中，以保障证书信息的真实性和可查性。证书注册应该由独立的第三方进行，具有一定的技术能力和管理经验。证书注册应该对证书信息的真实性和有效性进行审核，保障证书的可信度和有效性。

证书认证机制是指对证书真实性和有效性的确认。认证机构应该具备一定的资质和能力，如职业教育和培训机构、行业协会、政府等。认证机构应该通过对证书的颁发机构和证书注册信息的审核，确认证书的真实性和有效性，为证书持有人提供证书认证服务。证书认证机构还应该制定认证标准，确保证书的认证结果具有权威性和公正性。

在证书发行和认证机制的建立过程中，需要政府、行业协会、职业教育和培训机构、企业等多方面的合作和支持。政府应该出台相关的政策和规定，加强对证书颁发机构和认证机构的管理和监督；行业协会应该加强对职业技能要求的研究和制定，为证书分类和标准体系的建立提供支持；

职业教育和培训机构应该加强对职业技能的教育和培训，为证书颁发提供保障；企业应该加强与职业教育和培训机构的合作，提供更多的职业技能培训机会。只有各方的积极参与和合作，才能确保证书发行和认证机制的有效实施。

此外，证书发行和认证机制也是保障1+X证书制度有效性的重要环节。首先，证书发行机构应该是具有资质和公信力的机构，可以是政府机构、行业协会、职业教育机构等。这些机构应该有专业的人员负责证书的审核、发行和管理工作。其次，认证机构应该是第三方独立机构，具有专业的认证资质和公信力。认证机构的主要任务是对证书的真实性和有效性进行审查和认证，防止出现虚假证书和证书的泛滥现象。

值得注意的是，当前1+X证书制度在发展过程中还存在一些问题和挑战。例如，证书标准的制定和认证机构的监管需要进一步加强，避免出现证书质量不高、虚假证书和证书泛滥等问题。同时，证书制度也需要与就业市场和职业教育相结合，确保证书的实际价值和作用。此外，证书制度也需要不断更新和完善，适应经济社会的变化和职业发展的需求。

总之，1+X证书制度的理论模型包括证书分类和标准体系、证书发行和认证机制等多个方面。它是一种适应职业发展需求的证书制度，具有很高的实际价值和应用前景。然而，证书制度的发展需要各方面共同努力，加强证书标准的制定和认证机构的监管，推进证书制度与职业教育和就业市场的结合，不断完善和更新证书制度，以提高证书的实际价值和作用。

（三）证书应用和评价体系是1+X证书制度的重要补充

该体系将证书与职业发展和职业评价紧密联系，规定了证书对于就业、升职和职业发展的重要性和作用，同时制定了一系列评价标准和体系，以评价证书的价值和效果。

除了证书分类和标准体系、证书发行和认证机制等方面，证书应用和评价体系也是1+X证书制度的重要补充。

证书应用体系是指证书在职业发展和就业中的实际应用情况。证书应用体系包括就业市场的需求和认可程度、职业发展的路径和晋升机会、证书的实际使用效果等。证书应用体系的建立需要与企业、行业协会、职业教育机构等各方面合作，充分了解职业市场的需求和证书的实际价值。在证书应用体系的支持下，1+X证书制度可以更好地适应职业发展需求，发挥证书的实际作用。

证书评价体系是指对证书质量和价值的评价标准和方法。证书评价体系包括证书的知识和技能要求、评价方法和标准、评价机构和程序等。证书评价体系的建立需要考虑证书的实际价值和应用情况，旨在提高证书的质量和认可程度。通过评价体系的支持，1+X证书制度可以更好地保障证书的质量和有效性。

需要指出的是，证书应用和评价体系的建立需要各方面共同参与和努力。政府、企业、职业教育机构等各方需要加强合作，了解证书的实际需求和价值，制定合理的评价标准和方法，推动证书制度的不断发展和完善。

总之，1+X证书制度的理论模型包括证书分类和标准体系、证书发行和认证机制、证书应用和评价体系等多个方面。证书应用和评价体系是1+X证书制度的重要补充，可以提高证书的实际价值和认可程度，推动证书制度的不断发展和完善。证书制度的成功实施需要各方面共同努力，加强合作，适应职业发展的需求，提高证书的实际作用。

（四）证书市场和行业联盟是1+X证书制度的重要支撑

证书市场通过推广证书的知名度和认可度，提高证书的市场价值和竞争力。而行业联盟则通过建立与行业相关的专业联盟和组织，促进证书制度与产业需求的紧密结合，提高证书的实用性和适用性。

1+X证书制度的理论模型不仅包括证书分类和标准体系、证书发行和认证机制，还包括证书应用和评价体系、证书市场和行业联盟。

证书应用和评价体系是1+X证书制度的重要补充。在这个体系中，对于不同类型的证书，需要制定相应的评价标准和应用规则。例如，对于技能型证书，需要制定相应的考核标准和考试内容，对于职业资格证书，需要规定相关的职业能力和知识要求。同时，在证书的应用方面，也需要建立相应的机制，确保证书的使用能够起到实际的效果和作用。

证书市场和行业联盟是 1+X 证书制度的重要支撑。随着 1+X 证书制度的推行，证书市场的需求和规模不断扩大，同时也涌现出了众多的证书机构和培训机构。因此，需要建立健全证书市场管理机制，规范市场秩序，保障证书质量。另外，行业联盟的建立也是非常重要的。行业联盟可以促进证书的应用和推广，提高证书的认可度和权威性，同时也可以促进行业内的交流和合作，推动行业的发展和进步。

总之，1+X 证书制度的理论模型是一个相对完整的体系，包括证书分类和标准体系、证书发行和认证机制、证书应用和评价体系、证书市场和行业联盟等多个方面。这个模型不仅对于推动职业教育和人才培养具有重要的指导意义，也可以为相关政策的制定和实施提供依据和支持。1+X 证书制度的理论模型建立了一套完整的证书制度体系，其中证书分类和标准体系、证书发行和认证机制、证书应用和评价体系、证书市场和行业联盟相互配合，构成了一个有效的人才培养与职业发展的证书体系。

第二节　高职复合型技术技能人才培养模式的理论基础

一、高职复合型技术技能人才培养模式的概念与特点

（一）高职复合型技术技能人才的定义和特征

高职复合型技术技能人才是指具备多项专业技能和知识，能够在多个领域或专业中灵活应用的人才。与传统单一专业人才相比，高职复合型技术技

能人才不仅拥有深厚的专业技能，还具备较为广泛的知识储备和跨领域应用能力。他们具有创新精神和团队协作能力，能够快速适应不同的工作环境和任务要求，具有很强的职业适应能力。

高职复合型技术技能人才的特征主要包括以下几个方面。综合技能和知识面广。这种人才在多个领域中都能发挥优秀的表现，并且具备多种职业技能。高职复合型技术技能人才具有较强的实践能力。他们善于将理论知识应用于实践中，具有丰富的实践经验。他们具有创新能力。这种人才能够独立思考、创新发展，为企业和社会带来更多的价值。此外，高职复合型技术技能人才还具有团队协作和沟通能力，能够更好地融入团队并有效地开展工作。

在当前快速变化的社会和市场环境下，高职复合型技术技能人才的需求越来越大。他们不仅可以满足企业多样化的需求，还可以推动行业技术进步和创新发展。因此，高职院校应加强对这种人才的培养和引导，提高学生综合素质和技能水平，以满足未来社会和市场的需求。

（二）高职复合型技术技能人才培养模式的基本原则和实施路径

高职复合型技术技能人才是指具备多种技术技能并能够快速适应产业发展变化的人才。他们既具有传统工种的技术技能，又具备新型技术的应用能力和创新精神。在当前快速变化的产业环境下，培养高职复合型技术技能人才已成为高职教育的重要任务之一。

高职复合型技术技能人才培养模式的基本原则包括以下几个方面。

第一，注重基础知识和专业技能的有机结合。高职教育要求学生掌握扎实的基础知识，同时具备实用的专业技能，因此高职复合型技术技能人才的培养要注重理论与实践相结合，实现基础知识和专业技能的有机融合。

第二，注重跨学科知识和技能的整合。高职复合型技术技能人才不仅要掌握本专业的技能知识，还要具备跨学科的综合能力。因此，高职教育应该加强不同学科之间的融合，培养学生跨学科综合能力。

第三，注重产教融合的实践教育。高职复合型技术技能人才的培养需要与产业发展密切结合，因此高职教育应该加强与企业的合作，推动实践教育的深度融合，培养学生在实践中锻炼创新能力和实际操作能力。

实施路径方面，高职复合型技术技能人才的培养模式应该注重以下几个方面。

一是强化实践教育，将职业教育的实践教学贯穿于整个学习过程中，注重培养学生的职业能力和实践能力。

二是注重产教融合，与产业企业进行密切合作，与市场接轨，掌握行业最新发展动态，根据产业需求调整教育内容和培养方案。

三是实行灵活多样的课程体系，建立复合型人才培养模式，注重通识教育和专业技能的结合，培养具有跨领域技能的复合型人才。

四是推行贯通式教学，将理论学习和实践教学贯穿于整个教育过程中，让学生在实践中掌握理论知识，提高实践能力和职业素质。

二、职业教育理论基础

（一）职业教育的基本概念和特征

职业教育是指为适应社会生产和劳动力市场需求，以职业能力培养为核心，培养和提高各类劳动者的职业技能、实践能力和职业素养的一种教育形式。与传统教育相比，职业教育更加注重实践操作，强调与产业结合，能够直接满足就业市场的需求，有助于提高劳动者的职业技能和竞争力。

职业教育具有以下几个特征。

实用性强：职业教育注重实际操作和实践应用，培养学生具备实际工作所需的技能和能力，使他们能够快速适应职业生涯。

灵活性高：职业教育的教学内容和课程设置可根据不同学生的职业发展需求进行调整和定制。

面向就业市场：职业教育的教学目标是为了满足就业市场的需求，培养出具备各种职业技能和素质的人才。

职业导向：职业教育的教学内容和方法都是以培养职业能力和素质为导向的。

师资实力强：职业教育需要有一支高水平的师资队伍，他们具有丰富的教学经验和实践能力。

总之，职业教育是培养复合型、高素质技能人才的重要途径，能够有效地提高就业竞争力和创造就业机会。

（二）职业能力和素质的培养理论

职业能力和素质的培养是职业教育的核心目标，其理论基础主要包括社会认知理论、行为主义理论、认知学习理论和构建主义理论。

社会认知理论认为，个体通过社会交往和经验，学习和掌握知识、技能和价值观念。在职业教育中，学生可以通过参与实践活动，与教师、同学和企业的交流互动，实现知识和技能的转化和应用。

行为主义理论认为，行为是由刺激和反应组成的，通过刺激和奖惩来加强或削弱某种行为。在职业教育中，可以通过给予奖励或惩罚来引导学生学习和掌握职业技能。

认知学习理论认为，学习是通过感知、观察、思考、记忆、组织、理解和应用来完成的。在职业教育中，可以通过多种教学方法和教学策略来促进学生对职业知识和技能的理解和掌握。

构建主义理论认为，学习是一个主动的构建知识的过程，学生需要参与到知识的建构中。在职业教育中，学生可以通过参与实践项目和模拟实训，积极探究和构建职业知识和技能。

职业能力和素质的培养需要综合运用以上多种理论和方法，注重学生的实践操作和自主学习，促进知识和技能的转化和应用，培养学生的创新思维和解决问题的能力，从而提高职业能力和素质水平。

（三）职业教育课程体系和教学方法

职业教育是一种以培养学生职业能力和职业素质为目标的教育形式，其核心是课程体系和教学方法。职业教育课程体系要以职业能力和素质培养为导向，结合产业需求和学生实际，进行针对性设计。其包括专业基础课程、职业核心课程、职业选修课程等模块，以确保学生具备相应的职业技能和素质。

职业教育的教学方法以实践为主导，强调技能和技能实践的培养。针对不同的职业特点，采用不同的教学方法，如案例教学、实践教学、职业体验式教学、项目式教学等，以达到知行合一的教学目的。同时，职业教育强调学生的主体地位，注重学生的自主学习和探究，教师的作用则是引导和促进学生的学习。

职业教育的课程体系和教学方法必须结合产业需求和学生实际，以职业能力和素质培养为导向，注重实践和知行合一的教学方法，以培养适应职业发展和社会需求的人才。

三、技术技能培训理论基础

（一）技能培训的基本概念和发展历程

技能培训是指为提高个人或团体职业技能、知识水平、操作能力等而进行的有目的、有计划的教育培训活动。技能培训是一种非常重要的培训形式，可以帮助人们获取更多的技能和知识，提高其工作效率和职业竞争力。

技能培训的发展历程可以追溯到20世纪初。随着工业化和现代化的发展，职业技能的要求也不断提高。20世纪30年代，西方国家开始兴起职业技能训练，通过职业学校、学徒制度、职业培训等方式为工人提供技能培训。20世纪50年代，技能培训开始向一般劳动者普及。20世纪80年代，随着知识经济的兴起和科技的发展，技能培训成为重要的人力资源开发手段。目前，各国都高度重视技能培训，制定了相关的政策和法规，为技能培训的发展提供了保障。

在中国，技能培训始于 20 世纪 50 年代。自改革开放以来，随着经济的发展和职业需求的增加，技能培训不断发展壮大。2003 年，国家开始实施职业教育"十大行动计划"，提出要建设世界技能强国，加强职业技能人才培训，推广职业资格证书制度，提高技能人才的地位和待遇。随着技能培训的发展，各种培训形式和方式也不断涌现，如线上学习、现场实训、企业内部培训等，为技能人才的培养提供了更多的选择和机会。

（二）技能培训的课程设计和教学方法

技能培训的课程设计和教学方法是技能培训中非常重要的一环，它直接影响着培训的效果和质量。课程设计应该基于培训目标和学员实际需求，确定培训内容和学习进度，以满足学员对技能和知识的需求。针对不同的学员特点，应该采用不同的教学方法和手段，比如讲解、演示、实践、案例分析、讨论等，使学员能够真正地理解和掌握所学内容。还应该注重实践环节的设计，提供充分的实践机会和实践场所，帮助学员在实践中获得技能的熟练度和信心。还应该加强培训效果的评估和反馈，及时调整课程和教学方法，以达到更好的教学效果。

总之，技能培训的课程设计和教学方法的选择应该以学员需求和实际情况为基础，注重实践环节和反馈机制，确保培训效果的最大化。

（三）技能培训的评价体系和质量保障

技能培训的评价体系和质量保障是技能培训的重要组成部分，对于提高培训质量和保障培训效果具有至关重要的作用。

1. 评价体系

培训目标评价：培训的目标应当是明确的，通过评估培训目标的达成情况来评估培训质量。

学习评价：学习评价用于评估学员学习的过程和成效，可以通过测试、作业和考试等方式进行。

培训师评价：评估培训师的授课能力和教学效果，可以通过学员反馈、教学观察和师资评估等方式进行。

培训环境评价：评估培训场所和设施的条件和服务质量，确保培训环境的安全和舒适。

管理评价：评估培训机构的管理水平和服务质量，包括招生、教学管理、学员服务等方面。

2. 质量保障

培训计划的设计和实施：培训机构应当根据市场需求和学员需求制定培训计划，确保培训内容的实用性和针对性。

师资力量的保障：培训机构应当拥有一支专业、高素质的师资队伍，提供优质的教学服务。

培训设施和设备的保障：培训机构应当具备良好的培训设施和设备，确保学员的学习效果和体验。

课程质量的保障：培训机构应当建立科学的课程体系和教学方法，保证培训质量和效果。

评价体系的建立和完善：培训机构应当建立科学的评价体系，确保评价的客观、公正和准确。

技能培训的评价体系和质量保障是技能培训的重要保障措施，培训机构应当注重评价和质量保障的建设和完善，提高培训质量和效果，满足市场和学员的需求。

四、产教融合理论基础

（一）产教融合的基本概念和作用

产教融合是指将产业界和教育界的资源进行整合，协同合作，共同推进人才培养、科技创新和产业发展的一种模式。其目的是缩小产业界和教育界之间的鸿沟，促进产学合作，提高人才培养的质量和效率，同时也能够促进产业的升级和创新。

产教融合的作用主要体现在以下几个方面。

提高人才培养的实践性和适应性：产业界的专业技术人才可以为教育界提供最新的产业技术资讯和最实用的职业技能培训体系，帮助学生更好地融入企业和市场。

促进产业的升级和创新：教育界能够为产业界提供新的人才、新的思路和新的技术，从而提高企业的创新能力和市场竞争力，实现经济可持续发展。

加强科技创新和技术转移：产学研合作可以促进科技创新和技术转移，从而促进技术创新和产业升级。

提高高校的社会声誉和地位：通过产教融合，高校可以增强与企业的联系和合作，从而提高其在社会中的声誉和地位。

总之，产教融合是一种新型的人才培养模式，其目的在于提高人才培养的质量和效率，同时促进产业升级和经济发展，对于推进经济转型和升级具有重要作用。

（二）产教融合的实施路径和合作模式

产教融合是指产业和教育机构之间的密切合作，旨在促进教育培训与实际工作需求的紧密结合，提高毕业生就业能力和企业生产力。产教融合模式的实施路径主要包括以下几个方面。

1. 建立联合实验室或实训基地。产业和教育机构可以共同建立实验室或实训基地，提供学生实践机会，也可以在实验室或实训基地中开展科研合作和人才培养。

2. 实施双向培训计划。企业可以提供员工培训和技能提升机会，同时也可以与高等教育机构合作，提供实践机会和参与课程设计，以便学生在学习过程中接触实际生产工作。

3. 合作研发新技术或产品。产业和教育机构可以共同开展研发活动，探索新技术和产品，提高企业竞争力和学校的科研水平。

4. 推广校企合作项目。产业和教育机构可以通过推广校企合作项目，为学生提供更多的实践机会和就业机会，提高毕业生就业率。

产教融合的合作模式也有多种，例如，实习、实训、合作研发和人才交流等。这些合作模式不仅能够为学生提供更好的教育培训，同时也有利于企业提高生产效率和竞争力，促进产业的发展和升级。

（三）产教融合的质量评价和成效分析

产教融合是指产业界与教育界之间的合作与协作，通过双方的资源共享、信息交流和技术创新，共同推动人才培养与产业发展的紧密结合，以满足社会经济发展对于高技能人才的需求。

产教融合的作用主要有以下几个方面：促进职业教育和产业升级的相互促进，推动产业结构的优化和升级，为经济发展注入活力；提高教育教学质量，增强人才培养的针对性和实效性，使毕业生更加符合市场需求；加强学校与企业的联系，为学生提供更加实践的教育环境，让学生更加贴近实际工作需求，提高其就业能力和竞争力。

产教融合的实施路径和合作模式可以根据不同的行业特点和需求来确定。一般来说，学校可以与相关的产业企业进行战略合作，通过建立产教合作基地、开展联合研发等方式，促进双方资源共享和技术创新；企业也可以与职业学校合作，提供实习实训基地，参与课程设计和教学实施等方式，为学生提供更加实践的教育环境，帮助学生更好地适应职场需求。

产教融合的质量评价和成效分析是实施产教融合的重要环节。对于产教融合合作项目，应该制定科学、合理的评价体系，对合作的质量和成效进行监测和评估。评价体系应该考虑到学生的综合素质和职业能力的提高、企业的效益和发展、学校的教育教学质量等方面，通过量化的指标和质性的描述来进行评价和分析，及时发现问题并加以改进。

第三节　1+X 证书制度下高职复合型技术技能人才培养模式的内涵和特征

一、1+X 证书制度介绍

（一）1+X 证书制度的概念和特点

1+X 证书制度是指在高等教育阶段，除学历证书外，再增加一定数量的技能证书，这些技能证书可以与学历证书相互衔接，形成多层次、多领域的证书体系。其中，数字 1 代表学历证书，而 X 则代表技能证书的数量和种类不限，可以根据个人兴趣和职业需求自由选择。

1+X 证书制度的主要特点包括：突出实用性和适用性，强调职业能力和技能的培养；多样性和灵活性，可以根据不同职业领域和需求进行选择；多层次和多维度，形成完整的人才评价和认证体系；行业主导和产教融合，紧密结合产业需求和人才培养。

1+X 证书制度的实施，有助于促进高等教育与职业教育的有机融合，强化职业素养和实践能力的培养，推动人才培养和产业发展的深度融合，对于推进我国人才培养模式的转型升级具有重要的意义。

（二）1+X 证书制度的意义和目标

1+X 证书制度的主要意义在于：通过与职业教育和实践相结合，以证书为核心，打破传统学历单一的评价体系，促进人才培养的多元化和个性化，提高毕业生的职业竞争力和适应性，满足现代经济社会对多层次、多技能、复合型人才的需求，推动教育创新和经济发展。

其目标在于：一方面，建立具有市场竞争力的职业证书体系，为职业培训和人才评价提供规范化的参考标准；另一方面，通过与职业教育和实践相结合的方式，培养具有实际操作能力、职业素养和创新精神的复合型人才，提高其就业竞争力和社会适应能力。同时，通过产教融合的方式，实现教育与产业的无缝对接，促进教育和经济的良性互动。

二、高职复合型技术技能人才培养模式的内涵

（一）复合型技术技能人才的基本素质和职业能力要求

高职复合型技术技能人才需要具备一定的基本素质和职业能力，以应对快速变化的社会需求和技术发展。以下是一些基本素质和职业能力要求。

综合素质：高职复合型技术技能人才需要具备较好的综合素质，包括语言表达能力、人际交往能力、创新能力、领导能力等。

技能技术：高职复合型技术技能人才需要具备一定的技能和技术，例如，机械制造、电气控制、自动化、计算机软件和硬件、网络技术等。

实践能力：高职复合型技术技能人才需要具备一定的实践能力，包括实验设计能力、实验操作能力、项目管理能力等。

创新能力：高职复合型技术技能人才需要具备一定的创新能力，能够不断创新，提高技术水平和工作效率。

团队协作能力：高职复合型技术技能人才需要具备一定的团队协作能力，能够与团队成员协同合作，共同完成任务。

语言能力：高职复合型技术技能人才需要具备一定的英语或其他外语能力，以适应国际化的工作环境。

职业素养：高职复合型技术技能人才需要具备良好的职业素养，包括诚信、责任感、团队意识、学习意识等。

管理能力：高职复合型技术技能人才需要具备一定的管理能力，包括项目管理、人员管理、财务管理等。

（二）1+X 证书制度与高职复合型技术技能人才培养模式的内在联系

1+X 证书制度和高职复合型技术技能人才培养模式有着密切的内在联系。1+X 证书制度的目的是提高人才培养质量和实现职业教育与产业需求的对接，而高职复合型技术技能人才正是符合产业需求的人才类型。1+X 证书制度的核心在于将职业资格证书与技能证书相结合，而高职复合型技术技能人才培养模式正是以技能为重点，注重职业能力的培养。此外，1+X 证书制度的实施需要通过产教融合的方式来实现，而高职复合型技术技能人才培养模式也正是倡导产教融合，注重理论和实践相结合，提高人才培养的质量和实效性。因此，1+X 证书制度和高职复合型技术技能人才培养模式的内在联系是密不可分的。

这两者之间有着紧密的内在联系，主要表现在以下几个方面。

培养目标的一致性：1+X 证书制度和高职复合型技术技能人才培养模式的共同目标是培养具备多项职业技能和综合素质的高素质技术技能人才。学生通过取得多个职业技能证书，不仅能够提升自己的职业竞争力，还能够增强自己的实践能力和综合素质，符合高职复合型技术技能人才培养模式的培养目标。

学习内容的相互衔接：1+X 证书制度的职业技能证书和高职复合型技术技能人才培养模式的学习内容相互衔接，具有一定的衔接性。学生通过取得职业技能证书，能够学习到与自己所学专业相关的职业技能，而这些职业技能也是高职复合型技术技能人才所应具备的技能之一。

教学模式的变革：1+X 证书制度和高职复合型技术技能人才培养模式的推行，也要求高职教育教学模式的变革。高职教育需要更加注重学生的实践能力和职业技能的培养，通过课堂教学和实践教学相结合的方式，帮助学生更好地掌握所学知识和技能，从而为其取得更多的职业技能证书打下坚实的基础。

因此，1+X 证书制度和高职复合型技术技能人才培养模式之间存在着紧密的内在联系。两者的相互衔接不仅能够促进高职教育的发展，还能够进一步提升学生的职业素质和综合素质，培养出更多适应社会需求的高素质技术技能人才。同时，这也需要高职教育的管理者和教育工作者不断探索和创新，加强与社会的对接和合作，以满足社会对高素质技术技能人才的需求。

在实际操作中，高职院校可以通过将 1+X 证书制度纳入到高职复合型技术技能人才培养模式中，开设与职业技能证书相关的课程和实训项目，鼓励学生主动参与职业技能证书考试和实践活动，并为学生提供必要的支持和指导。此外，高职院校还可以加强与行业企业的合作，共同开展职业技能培训和实践项目，让学生更加贴近实际职场需求，提高他们的职业素质和实践能力。

1+X 证书制度和高职复合型技术技能人才培养模式之间存在着紧密的内在联系。两者相辅相成，互相促进，都是高职教育不断提升自身质量和适应社会需求的重要举措，也是培养更多高素质技术技能人才的重要途径。

（三）高职复合型技术技能人才培养模式的基本框架和实施路径

高职复合型技术技能人才培养模式是一种基于职业能力标准、学历证书和职业资格证书并重的人才培养模式，旨在培养掌握职业核心技能、具备职业素养和实践能力、符合社会需求的高素质技术技能人才。

职业能力标准为基础。职业能力标准是指针对特定职业制定的一套能力要求和技能标准，是高职复合型技术技能人才培养的基础和核心。高职院校应该根据职业能力标准，确定培养目标、课程设置和教学方法，将培养目标与职业要求紧密结合，确保学生在学校期间掌握符合职业标准的核心技能和素养。

学历证书与职业资格证书并重。高职复合型技术技能人才应该既具备高职学历证书，又应该具备相关职业资格证书。学历证书是证明学生已经掌握了高职学校所开设的基础理论和通用技能的证明，而职业资格证书则是证明学生已经掌握了具体职业技能和实践能力的证明。两者并重，才能更好地满足社会对高素质技术技能人才的需求。

　　教学模式以实践为主。高职复合型技术技能人才培养模式强调实践能力和职业素养的培养，因此教学模式应该以实践为主，重视实践教学和实践操作能力的培养。高职院校可以通过开设职业技能实训课程、组织职业实践活动、与企业合作开展职业技能培训等方式，提高学生的实践能力和职业素养。

　　产教融合，校企合作。高职复合型技术技能人才的培养需要校企合作、产教融合。高职院校可以通过与企业合作开展实践项目、引入企业导师、组织职业技能培训等方式，增强学生的实践能力和职业素养，同时也可以更好地与企业对接，提高学生的就业竞争实施路径。

　　高职复合型技术技能人才培养模式的实施路径包括以下几个方面。

　　完善职业能力标准。职业能力标准是高职复合型技术技能人才培养的基础和核心，需要根据实际职业需求和市场需求不断完善和更新。高职院校应该积极参与职业能力标准的制定和修订，与相关行业协会和企业紧密合作，提高职业能力标准的科学性和实效性。

　　设计合理的课程体系。高职院校应该根据职业能力标准，设计合理的课程体系，既包括通用技能和基础理论课程，又应该包括职业技能实训和实践课程。课程体系应该与实际职业需求和市场需求紧密对接，确保学生掌握符合职业标准的核心技能和素养。

　　实施职业技能实训和实践教学。高职院校应该强化实践教学和职业技能实训，重视学生的实践能力和职业素养的培养。可以通过开设职业技能实训课程、组织职业实践活动、与企业合作开展职业技能培训等方式，提高学生的实践能力和职业素养。

　　加强校企合作。高职院校应该积极与企业合作，实现产教融合，加强校企合作，以实现学校和企业的双赢。可以与企业合作开展实践项目、引入企业导师、组织职业技能培训等方式，增强学生的实践能力和职业素养，同时也可以更好地与企业对接，提高学生的就业竞争力。

　　实施评价机制。高职院校应该建立科学的评价机制，对学生的职业能力和职业素养进行全面评价。评价机制应该既包括学历证书的评价，又包括职业资格证书的评价，对学生的职业能力和素养进行全面评估和认证。

总之，高职复合型技术技能人才培养模式需要根据实际职业需求和市场需求不断完善和更新，强调实践教学和职业技能实训。

三、高职复合型技术技能人才培养模式的特征

（一）突出职业能力培养，强化实践教学环节

高职复合型技术技能人才培养模式的特征主要体现在以下两个方面。

突出职业能力培养：高职复合型技术技能人才培养模式注重培养学生的职业能力，以培养市场需求的专业人才为目标，注重学生的职业技能和实际操作能力的提升。学生在学习过程中，需要掌握所学专业的核心技能和实际操作技能，同时培养职业素养和职业道德，以适应社会和市场的需求。这种职业能力培养的特征是高职复合型技术技能人才培养模式的重要特点之一。

强化实践教学环节：高职复合型技术技能人才培养模式注重实践教学环节，通过实践教学来提高学生的职业技能和实际操作能力。实践教学包括实验教学、实习教学和项目实践等环节，学生在实践教学中能够将所学知识和技能应用到实际工作中，更好地理解和掌握所学内容，同时也更好地了解实际工作中的需求和挑战。强化实践教学环节的特征，是高职复合型技术技能人才培养模式的另一个重要特点。

因此，高职复合型技术技能人才培养模式注重学生的职业能力培养和实践教学，以适应社会和市场的需求，是一种注重实践和职业能力培养的培养模式。

（二）突出实用性，注重适应市场需求

高职复合型技术技能人才培养模式是一种紧密结合市场需求和产业发展的培养模式，其特征之一是突出实用性。这种培养模式注重培养学生实际操作能力和解决实际问题的能力，以满足市场和行业的实际需求。为了实现这个目标，高职复合型技术技能人才培养模式在课程设置、教学方法和教材

选用等方面都强调实用性，使学生在学习中能够更加贴近实际应用，培养实用型人才。

另外，高职复合型技术技能人才培养模式还注重适应市场需求。这种培养模式紧密关注市场需求和产业发展趋势，将行业需求作为培养目标的重要参考依据。通过与企业合作开展实践教学、开展调研和实地考察等方式，了解行业和市场的需求，及时调整课程设置和教学内容，使学生更好地适应市场需求和行业发展趋势。

在当今快速发展的社会和市场环境中，高职复合型技术技能人才培养模式的实用性和市场适应性越来越受到关注。只有培养出实用性强、适应市场需求的高素质技能型人才，才能更好地适应未来的市场和行业发展，创造更多的价值和贡献。因此，高职复合型技术技能人才培养模式的特征：突出实用性，注重适应市场需求，将是未来高职教育发展的一个重要趋势。

（三）突出专业技能和综合素质培养，促进复合型人才的培养

高职复合型技术技能人才培养模式是一种强调专业技能和综合素质培养相结合的培养模式，其特征之一是突出专业技能和综合素质培养，促进复合型人才的培养。这种培养模式通过多元化的教学方法和全面的培养目标，培养学生既具备专业技能，又具备综合素质，成为具有多种能力的复合型人才。

在专业技能方面，高职复合型技术技能人才培养模式注重培养学生的实践操作能力和解决问题的能力，通过实践教学和企业实习等方式，让学生在专业领域中得到更多的实践经验和技能训练。在综合素质方面，高职复合型技术技能人才培养模式强调培养学生的沟通、团队合作、创新思维和领导能力等综合素质，使学生能够更好地适应未来工作的需求。

通过突出专业技能和综合素质培养，高职复合型技术技能人才培养模式能够有效地培养出复合型人才。这种复合型人才不仅具备深厚的专业知识和技能，而且具备更广泛的知识面和综合素质，能够更好地适应未来社会和市场的需求。这种复合型人才的培养模式已经得到了社会的广泛认可和应用，

成为高职教育发展的一个重要趋势。

因此,高职复合型技术技能人才培养模式的特征:突出专业技能和综合素质培养,促进复合型人才的培养,将是未来高职教育发展的一个重要方向。这种培养模式不仅能够满足市场的实际需求,而且能够为学生的职业发展和个人成长提供更全面、更多元的支持和保障。

（四）突出校企合作，实现产教融合

高职复合型技术技能人才培养模式是一种强调实践教学和校企合作相结合的培养模式,其特征之一是突出校企合作,实现产教融合。这种培养模式通过加强高校和企业之间的紧密合作,将产业需求和教学内容有机结合,让学生在实际应用中学习、实践,培养出符合市场需求的技能人才。

校企合作是高职复合型技术技能人才培养模式中非常重要的一环。高校和企业在校企合作中可以共同设计和制定教学计划,企业可以提供最新的技术、设备和实践环境,学校可以提供师资力量和教学管理。在实践教学环节中,学生可以参与企业的实际生产和研发工作,通过实践锤炼实际操作能力和解决问题的能力,更好地适应未来的工作环境。

产教融合是高职复合型技术技能人才培养模式的另一重要特征。产教融合是指高校和企业通过合作,将产业需求和教学内容有机结合,以达到更好的教学效果。这种模式可以使学生在校园学习和企业实践中实现融合,增加学生的实际操作能力和实践经验,让学生更好地适应未来的工作环境。

因此,高职复合型技术技能人才培养模式的特征:突出校企合作,实现产教融合,将有助于高校和企业的紧密合作,有效提高高校人才培养的质量,让学生更好地适应未来市场的需求。随着社会和经济的快速发展,高职复合型技术技能人才培养模式已经成为高校教育发展的一大趋势,对于培养符合市场需求的人才,促进社会经济发展具有重要的意义。

（五）突出评价质量保障，推进教学质量提升

高职复合型技术技能人才培养模式的特征之一是突出评价质量保障,这

是推进教学质量提升的重要手段。针对高职教育的特点和人才培养目标，评价体系必须科学、全面、准确地反映学生的综合素质和专业能力水平，对于教学质量的提升和人才培养的质量保障有着至关重要的作用。

高职复合型技术技能人才培养模式的评价质量保障体系包括多种形式的评价方式，如考试、实验、综合实践、毕业论文等，这些评价方式相辅相成，共同构成了学生的全面评价。此外，还应该有科学、合理的评价标准和评价方法，这些标准和方法应该与产业和市场需求紧密结合，确保学生所学知识和技能符合市场需求，能够胜任实际工作。

高职复合型技术技能人才培养模式的评价质量保障体系需要借助先进的评价技术和手段，如人工智能、大数据、云计算等技术，这些技术可以对学生的学习和实践数据进行分析和挖掘，为学生提供个性化的学习和指导，同时也为教师提供更精准的教学评价。

评价质量保障是高职复合型技术技能人才培养模式中至关重要的一环，只有通过科学、全面、准确的评价体系，才能推进教学质量的提升，培养出符合市场需求的高素质人才，进而促进经济的发展和社会的进步。

第三章

1+X 证书制度下高职复合型技术技能人才培养模式的实践探索

第一节　基于 1+X 证书制度的高职人才培养的课程设计与实践

一、基于 1+X 证书制度的课程设计和实践教学的概念和原则

基于 1+X 证书制度的课程设计和实践教学的概念主要是以市场需求为导向，旨在提高高职教育的实用性和职业化水平。因此，高职院校要结合市场需求，调整课程设置和实践教学内容。通过加强实践教学，让学生在实际操作中掌握职业技能和实践经验，提高学生的职业素质和市场竞争力。基于 1+X 证书制度的课程设计和实践教学应该把教育与培训并重，注重理论教育和实践培训的结合。高职院校还应该注重个性化教育，因材施教，针对不同学生的学习特点和职业发展规划，设置不同的课程和实践教学方案，提高学生的学习效果和职业发展前景。

基于 1+X 证书制度的课程设计和实践教学的原则主要包括以下几个方面。

职业导向原则。课程设置和实践教学应以市场需求和行业发展趋势为导向，注重培养学生掌握职业技能和实践经验，提高其就业竞争力。同时，应关注学生的职业发展规划，为其未来职业发展提供指导。

综合素质拓展原则。高职院校的课程设置和实践教学应该注重学生的综合素质拓展，包括职业道德素质、创新能力、沟通协作能力等方面，提高学生的综合素质和综合能力。

理论与实践相结合原则。课程设计和实践教学应该注重理论与实践相结合，强调实践教学，培养学生的实际操作能力和职业技能。同时，还要注重理论教育，提高学生的理论素养和思维能力。

差异化教学原则。基于1+X证书制度的课程设计和实践教学应该注重个性化教育，根据学生的学习特点和职业发展规划，为其量身定制课程和实践教学方案，提高学生的学习效果和职业发展前景。

质量导向原则。高职院校的课程设计和实践教学应该注重质量导向，以提高学生的职业素质和市场竞争力为目标，不断提高课程设置和实践教学的质量。

总之，基于1+X证书制度的课程设计和实践教学的原则应该以职业导向、综合素质拓展、理论与实践相结合、差异化教学和质量导向为基本原则，以满足市场需求和提高学生的职业素质和市场竞争力为目标，不断推进高职人才培养模式改革。

二、基于 1+X 证书制度的高职人才培养的课程设计与实践教学

（一）了解市场需求，制定相关课程

基于1+X证书制度的高职人才培养需要先了解市场需求，根据不同行业的需求制定相关课程。通过市场调研、就业形势分析等方式，了解目标行业的就业需求和对应的职业技能要求。然后根据这些需求和要求，设计相关

的课程和实践教学方案，以提高学生的职业素质和就业竞争力。同时，要注重不断更新课程内容，跟上行业发展的步伐，为学生提供最新的职业技能。高职人才培养基于1+X证书制度，要实现有效的校企合作和符合市场需求的教学，需要先了解市场需求并制定相关课程。

了解市场需求。高职人才培养应该紧密结合市场需求，了解职业发展趋势和市场需求，及时调整人才培养计划和课程设置，使培养的人才更符合市场需求。

制定相关课程。高职院校应该根据市场需求和职业发展趋势，制定符合职业标准的课程设置，使学生能够掌握符合市场需求的核心技能和素养。课程设置应该围绕职业发展需求和市场需求，根据职业技能和职业素养划分不同的课程，实现课程的系统性和连贯性。

加强校企合作。高职院校应该加强与企业的合作，共同制定职业标准和课程设置，充分利用企业资源和市场信息，使课程设置更加贴近实际需求和市场需求。校企合作可以通过开展职业技能培训、组织职业实践活动、共同开展研发项目等方式实现。

建立科学的评价机制。高职院校应该建立科学的评价机制，对学生的职业能力和素养进行科学评估，为学生提供反馈和指导。评价机制应该紧密结合职业标准和市场需求，评估学生的职业能力和素养，为学生提供针对性的指导和培训。

注重创新创业教育。高职院校应该注重培养学生的创新能力和实践能力，建立完善的创新创业教育体系，为学生提供创新创业的机会和平台。创新创业教育可以通过开设创新创业课程、组织创新创业竞赛、引入创业导师等方式实现。

综上所述，基于1+X证书制度的高职人才培养，要实现校企合作和符合市场需求的教学，需要紧密结合市场需求，制定符合职业标准的课程设置，加强校企合作，建立科学的评价机制，注重创新创业教育，实现创新创业能力和实践能力的培养。这样的高职人才培养模式应该有以下实施路径。

实施课程改革。高职院校应该针对市场需求和职业发展趋势，调整课程设置，创设符合职业标准的课程体系，加强理论与实践的结合，提高学生的实际操作能力和技能水平。

加强校企合作。高职院校应该加强与企业的合作，共同制定职业标准和课程设置，开展实践教学和职业技能培训等活动，加强实践教学和实际操作能力的培养。

建立创新创业教育体系。高职院校应该建立完善的创新创业教育体系，通过开展创新创业课程、组织创新创业竞赛、引入创业导师等方式，培养学生的创新创业能力和实践能力，促进学生职业发展和成长。

建立学生评价和反馈机制。高职院校应该建立科学的学生评价和反馈机制，定期对学生进行职业能力和素养的评价和反馈，为学生提供针对性的指导和培训。

加强教师队伍建设。高职院校应该加强教师队伍建设，提高教师的教学水平和职业素养，建立激励机制，鼓励教师积极开展科研和教学实践，提高教师的教学质量和能力。

综上所述，高职复合型技术技能人才培养模式基于1+X证书制度，要实现校企合作和符合市场需求的教学，需要紧密结合市场需求，制定符合职业标准的课程设置，加强校企合作，建立科学的评价机制，注重创新创业教育，提高学生的职业素养和能力。同时，需要实施课程改革，建立创新创业教育体系，加强教师队伍建设，不断提升高职人才培养的质量和效果。

（二）强调实践教学，提高学生的职业技能

基于1+X证书制度的高职人才培养需要注重实践教学，提高学生的职业技能。通过各种实践教学方式，如企业实习、校企合作项目、实验室课程、实训课程等，帮助学生获取实际操作经验和职业技能。实践教学中应该注重学生的操作能力和问题解决能力，让学生在实践中学会思考和创新，不断提高自己的职业能力水平。

基于1+X证书制度的高职人才培养，强调实践教学，旨在提高学生的

职业技能，以满足市场需求和促进学生职业发展。

在实践教学方面，高职院校应该注重以下几个方面。

加强实验室建设。高职院校应该加强实验室建设，配备先进的实验设备和工具，为学生提供良好的实践教学环境，提高学生的实际操作能力。

推广技能竞赛。高职院校应该积极推广各类技能竞赛，鼓励学生参加各种技能比赛，提高学生的实际操作能力和职业技能水平。

加强实践教学。高职院校应该加强实践教学，让学生在实践中学习，通过实际操作来掌握相关职业技能和实践经验。

加强校企合作。高职院校应该加强与企业的合作，让学生有机会在企业实习、实训、参与项目等活动中，接触实际工作，增强实际操作能力和职业素养。

建立实习基地。高职院校应该积极建立实习基地，与企业合作，提供学生实习的机会，让学生在实际工作中锻炼和提高自己的职业技能。

以上措施的实施，可以有效地提高高职学生的职业技能水平，让学生在实践中掌握职业技能，为就业和职业发展打下坚实的基础。

除了以上实践教学方面的措施，高职院校还应该加强职业素养的培养。职业素养是指学生在职业中所需要的态度、价值观、能力和行为，是高职学生成为合格职业人才的重要组成部分。高职院校应该通过开展职业道德教育、职业规划和职业能力培养等活动，加强学生的职业素养培养，提高学生的职业能力和素质，让学生能够适应职业发展的需求和市场变化。

（三）将1+X证书制度融入到课程设计和实践教学中

基于1+X证书制度的高职人才培养需要将其融入到课程设计和实践教学中，帮助学生获得更多的职业证书和实践经验，提高就业竞争力。通过课程设计和实践教学，让学生有机会获取多个职业证书，提高自身的职业素质和市场竞争力。同时，要注重对学生的指导和支持，帮助他们顺利完成相关考试和实践项目。通过这样的方式，让学生在完成学业的同时，增加职业资格证书和实践经验，更好地适应未来职业发展的需求。

以下是一些实施路径。

课程设计方面：高职院校应该在课程设计中融入 1+X 证书制度，将相应的职业技能要求纳入课程目标和教学内容中，确保学生能够学习到实用的技能知识。此外，高职院校还应该注重课程与实践教学的结合，让学生在学习过程中不断进行实践操作，并在实践中发现问题、解决问题。

实践教学方面：高职院校应该通过各种实践教学方式，让学生掌握相关职业技能，提高学生的实践能力和职业素养。例如，高职院校可以通过实验室、工程实训基地、企业实习、项目实践等方式，提供各种实践机会，让学生在实践中不断提高职业技能水平，同时获得 1+X 证书。

教师培训方面：高职院校应该为教师提供相关的培训和支持，让教师能够充分理解和掌握 1+X 证书制度，并将其融入到课程设计和实践教学中。同时，高职院校还应该建立健全的教师培训体系，为教师提供不断学习和进修的机会，提高教师的教学水平和实践经验。

学生评价方面：高职院校应该建立科学的学生评价体系，充分考虑学生的实践能力和职业素养等方面的综合表现。例如，高职院校可以采用综合评价的方式，将学生在实践教学中的表现、课堂表现、考试成绩等多个方面进行综合评价，以便更好地评估学生的综合能力和职业素养。

综上所述，高职院校应该将 1+X 证书制度融入到课程设计和实践教学中，通过各种措施提高学生的职业技能水平和职业素养，让学生更好地适应职业发展的需求和市场变化。

三、基于 1+X 证书制度的高职人才培养课程体系构建

基于 1+X 证书制度的高职人才培养课程体系构建需要结合市场需求和职业技能等级证书的考试内容，制定符合市场需求的课程体系。

（一）市场需求调研

了解当前市场对于高职人才的需求情况和趋势，明确行业特点和技能要

求。市场需求调研是高职人才培养课程体系构建的重要环节之一,是制定相关课程和选择1+X证书课程的基础。在市场需求调研中,需要深入了解行业特点和技能要求,分析当前行业发展趋势和技术热点,明确学生就业前景和职业规划,从而为课程设计和实践教学提供有针对性的指导。同时,市场需求调研也是与企业和行业建立紧密联系的途径之一,可以了解企业对高职人才的需求情况和招聘标准,帮助学生了解市场需求和就业形势,提高就业竞争力。基于1+X证书制度的高职人才培养,需要与市场需求相结合,注重实践教学,提高学生的职业技能和综合素质。只有深入了解市场需求和技术要求,才能更好地为学生提供有针对性的课程设计和实践教学,培养出更具竞争力的高职人才。

(二)职业技能等级证书考试内容分析

通过对职业技能等级证书考试内容的分析,找出与市场需求相符合的技能点和技能要求,确定课程内容。对职业技能等级证书考试内容进行分析,有助于确定课程内容和选择1+X证书课程,进一步满足市场需求。

对于职业技能等级证书考试内容的分析,需要考虑以下几个方面。

考试科目和内容:职业技能等级证书考试科目和内容涵盖了行业内的关键技能和知识点,包括基础知识、操作技能、安全规范等方面,需要结合市场需求和技术要求进行分析。

考试难度和标准:不同等级的职业技能等级证书考试难度和标准不同,需要根据市场需求和就业形势,选择符合学生能力和市场要求的证书等级和相应的考试内容。

考试结果反馈:职业技能等级证书考试结果反馈可以反映学生掌握的技能水平和市场需求的匹配度,有助于优化课程设计和教学方法。

基于对职业技能等级证书考试内容的分析,可以找出与市场需求相符合的技能点和技能要求,确定课程内容和1+X证书课程的选择,为高职人才培养提供更有针对性和实用性的课程设计和实践教学。

（三）课程设计

根据职业技能等级证书的考试内容，设计符合市场需求的课程体系，确保课程与实际工作相符合。在进行课程设计时，可以按照以下步骤进行。

确定课程目标和学习目标：根据市场需求和职业技能等级证书的考试内容，确定课程目标和学习目标，明确学生需要掌握的技能和知识点。

制定课程大纲和教学计划：根据课程目标和学习目标，制定课程大纲和教学计划，明确每个学期的课程内容和学习进度。

选择教材和教学资源：根据课程大纲和教学计划，选择符合教学要求和市场需求的教材和教学资源，包括教科书、参考书、实验室设备和网络资源等。

设计教学活动和评价方式：根据课程目标和学习目标，设计符合学生能力和市场需求的教学活动和评价方式，包括课堂讲授、实验操作、课程设计和论文写作等。

优化课程设计和教学方法：通过课程评估和教学反馈，不断优化课程设计和教学方法，提高学生的学习效果和职业能力。

通过以上步骤的课程设计，可以确保课程体系符合市场需求和技能要求，从而提高学生的职业竞争力和就业能力。同时，还可以提高学生的实践能力和综合素质，进一步促进高职人才培养模式的转型和升级。

（四）课程评估

通过实践教学，对课程进行评估和反馈，调整和优化课程内容和方式。课程评估是高职复合型技术技能人才培养模式中不可或缺的一环。通过课程评估，可以对课程的有效性和可行性进行检验，及时发现和解决问题。具体实施中，可以采用以下几种方法。

学生评估。通过学生的课程评估问卷，了解学生对课程的满意度、难易程度、实用性等方面的反馈，并针对性地进行调整和改进。

教师评估。教师对课程的授课效果和教学质量进行自我评估，同时也可以请同行专家进行评估，从而发现并改进教学中存在的问题。

行业评估。邀请相关行业的专家进行课程评估，了解市场对于该领域高技能人才的需求和趋势，并进行课程调整。

毕业生追踪。通过对毕业生的追踪和调查，了解毕业生在实际工作中的表现和应用课程知识的情况，从而调整和改进课程内容和方式。

综合以上评估方法，可以及时了解市场需求和实际应用情况，并对课程进行调整和优化，确保高职复合型技术技能人才培养模式的有效性和实用性。

（五）实践教学的强化

将实践教学融入到课程设计和实施过程中，增强学生的实际操作能力和问题解决能力，确保学生掌握相关的实用技能和知识。

以下是一些实践教学的强化措施。

实践教学融入到课程设计和实施过程中。课程设置应该充分考虑实际应用场景，将实践教学贯穿于整个课程体系中，不断地调整和优化课程内容和方式，确保学生能够学以致用。

强化实践操作。学生需要通过实际操作来掌握技能和知识。学校可以通过实验室、工作坊等场所提供实践操作环境，让学生在实践操作中深入了解专业知识和技能。

引入实践项目。通过引入实践项目，让学生参与实际的工程项目，从而更好地掌握相关技能和知识。这不仅可以让学生在实践中更好地理解专业知识，同时也能够让学生在实践中培养创新能力和团队协作精神。

贴近市场需求。学校可以与相关企业和机构合作，了解市场需求和行业趋势，并根据需求来设计实践教学内容。这样可以使学生更好地适应市场需求，提高就业竞争力。

实践教学的评估。学校应该建立科学的实践教学评估体系，及时获取学生的实践表现，对实践教学进行反馈和改进，提高实践教学质量。

总之，实践教学在高职教育中占据着重要的地位，对于基于1＋X证书制度的高职人才培养来说，更是必不可少的一环。通过实践教学的强化，学生能够更好地掌握实用技能和知识，提高就业竞争力，同时也能够更好地服务于社会和行业的发展。

基于1＋X证书制度的高职人才培养课程体系构建需要不断地探索和实践，才能够建立健全的课程体系，为社会培养更多更好的高素质技能人才。

四、高职人才培养的实践教学创新与探索

高职人才培养的实践教学是培养学生实际操作能力和问题解决能力的关键环节，为了更好地适应社会发展和市场需求，需要进行实践教学的创新与探索。

（一）创新实践教学方式

实践教学不再仅仅是传授理论知识和技能，而是要与市场需求和职业技能等级证书考试内容相结合，采用多种实践教学方式，包括模拟实验、案例教学、工程实践、项目实践等，以提高学生实际操作能力和创新能力。以下是一些创新实践教学方式的举例。

模拟实验：利用虚拟实验平台或实验室进行模拟实验，让学生在安全的环境下进行实际操作，提高实际操作能力。

案例教学：选取实际案例，让学生通过分析、讨论、解决问题等方式，加深对于理论知识和实际应用的理解和掌握。

工程实践：将学生分组，完成一个真实的工程项目，并参与项目的设计、实施、管理、维护等环节，提高学生的实际操作能力和团队协作能力。

项目实践：让学生参与一个完整的项目周期，从需求分析到方案设计、开发实施、测试验收等环节，提高学生的实际操作能力和项目管理能力。

这些创新实践教学方式可以帮助学生更好地理解理论知识和职业技能等级证书考试内容，并提高学生的实际操作能力和创新能力，从而更好地满足市场需求。

（二）探索实践教学内容

实践教学内容需要与市场需求紧密结合，紧跟行业发展趋势，培养学生具有高素质、实用性强的职业能力和技能，提高学生的就业竞争力。同时，需要在实践教学中注重创新能力的培养，引导学生积极思考和实践，开展自主创新和项目研发等实践活动。探索实践教学内容包括但不限于以下几个方面。

实际应用：学生需要学习相关的实际应用技能，例如，机器操作、程序编写、网络维护等。这些技能需要在实践中进行学习和掌握。

项目开发：学生需要通过项目开发来提高实践能力和解决问题的能力。这需要设计真实的项目，提供学生与行业相关的实践机会，让学生在实践中积累经验并提升实践能力。

创新实践：学生需要进行创新实践，培养解决问题的能力和创新能力。这需要开设相关的创新实践课程和项目，为学生提供实践机会和资源支持。

行业交流：学生需要参加行业相关的交流活动，了解行业发展趋势和需求，与行业专家进行交流和沟通，以增强学生对行业的认知和理解。

社会服务：学生需要通过社会服务来提高实践能力和责任感。这需要开展相关的社会服务项目和活动，为社会做出贡献，并通过实践来提升学生的综合素质。

通过探索更加贴近市场需求的实践教学内容，可以帮助高职学生更好地掌握实用技能和知识，提高就业竞争力，同时也有助于学生成为具有创新能力的复合型人才。

（三）需要建立良好的实践教学评价体系

通过实践教学评价，发现学生的不足之处，为其提供更好的实践教学支持，提高学生的职业素质和创新能力，为社会培养更多更好的高素质技能人才。

建立良好的实践教学评价体系可以及时发现和解决学生的问题，提高实践教学的质量和效果。以下是一些可能包括在实践教学评价体系中的要素。

学生表现评估：对学生在实践教学中的表现进行评估，包括技能掌握程度、实际操作能力、团队合作能力、创新能力等方面。评估可以采用考试、作业、实验报告、实践项目成果等方式。

教师评价：对教师在实践教学中的表现进行评价，包括授课方式、教学质量、指导和帮助学生的能力等方面。评价可以采用学生评价、同行评价、专家评价等方式。

实践教学设施和资源评价：对实践教学设施和资源进行评价，包括实验室设备、软件工具、实践项目等方面。评价可以采用专业评估机构、行业协会、雇主反馈等方式。

教学改进建议：基于实践教学评价结果，提出教学改进建议，包括课程内容、实践教学方式、实验室设施和资源改进等方面。同时，也可以针对学生个性化的需求和诉求提出相应的建议。

建立良好的实践教学评价体系可以更好地促进实践教学质量和效果的提高，同时也为学生的就业和职业发展提供有力的支持。高职人才培养的实践教学创新与探索是不断推进高职教育改革的必然要求，只有不断创新和探索，才能够培养更多更好的高素质技能人才，满足社会的发展需求。

第二节　基于1+X证书制度的高职人才素质拓展和创新能力培养模式

一、高职人才培养的素质教育理念与实践

高职人才培养的素质教育理念是强调学生全面发展和个性化发展，不仅培养学生的职业能力和职业技能，同时也注重培养学生的人文素养、创新能力、实践能力和社会责任感等方面。素质教育的实践需要贯穿整个高职人才

培养过程，包括教学内容、教学方法和教学评价等方面。

（一）教学内容需要更加注重学生的全面发展

在教学内容的设置上，不仅要注重职业能力和职业技能的培养，还要注重人文素养、创新能力、实践能力和社会责任感等方面的培养。同时，也需要将职业技能等级证书考试内容与教学内容相结合，确保学生具备应对职业技能等级证书考试的能力。现代社会对于人才的要求不仅是单一的职业技能，还需要具备广泛的综合素质和能力。教育的本质是培养全面发展的人才，因此在高职人才的培养中，需要将职业技能培养与人文素质、实践能力和创新能力的培养相结合，实现全面发展。

比如，在课程设置上，可以增设人文社科、自然科学、艺术、体育等多元化的课程，让学生拥有广阔的知识面和视野，培养学生的人文素养和综合素质。同时，在教学实践中，也需要注重学生的实践能力和创新能力的培养，引导学生自主探究和实践，鼓励学生参加各种项目、比赛和创业活动，提高学生的实践能力和创新能力。

此外，学生的社会责任感也是很重要的一点。教育不仅是传授知识和技能，还要培养学生的社会责任感，让他们意识到自己在社会中的作用和责任，注重公益和社会贡献，成为对社会有用的人才。

（二）教学方法需要更加注重学生的个性化发展

在教学方法的选择上，需要根据学生的不同特点和需求，采用多种教学方法，包括案例教学、探究式教学、团队合作学习等，以激发学生的学习兴趣和学习动力，提高学生的学习效果。选择不同的教学方法注重学生的个性化发展，可以根据学生的不同特点和需求，采用不同的教学方法，包括但不限于以下几种。

案例教学法：通过真实的案例来引导学生思考和分析，加深对理论知识的理解和应用能力，激发学生的兴趣和学习动力。

探究式教学法：以学生为主体，引导学生通过实际操作、调查研究、讨论交流等方式，积极参与学习，主动探究问题，培养学生的创新能力和实践能力。

团队合作学习法：通过分组合作、角色扮演等方式，培养学生的协作能力和团队精神，增强学生的社交能力和沟通能力。

个性化学习法：根据学生的不同兴趣、学习能力和学习方式，为每个学生制定相应的学习计划和教学方案，以满足不同学生的学习需求和个性化发展。

通过选择不同的教学方法注重学生的个性化发展，可以更好地提高学生的学习效果和职业素质，为学生的未来发展打下良好的基础。

（三）教学评价需要更加注重学生的实际能力

在教学评价的过程中，应该注重考查学生的实际操作能力和创新能力，而不仅仅是知识掌握程度。同时，也需要建立多元化的评价方式，包括作品展示、项目报告、学术论文等，以评价学生的综合素质和实践能力。以下是一些可能有助于在教学评价中注重学生实际能力的方法。

引入实践项目：设计实践项目，让学生在实践中运用所学知识和技能，并将项目的完成情况作为评价依据。

评估实际技能：设计评估工具，例如，使用技能检测表，以评估学生的实际技能水平。

提供实际案例：引入实际案例，让学生分析和解决实际问题，并将解决方案的创新性和实用性作为评价依据。

采用多元化的评价方式：除了传统的笔试和口试外，采用作品展示、项目报告、学术论文等多种评价方式，以评价学生的综合素质和实践能力。

注重反馈：及时反馈学生的学习成果和不足之处，以便学生在下一阶段的学习中改进和提高。

这些方法可能需要根据具体的课程内容和学生群体进行适当的调整和改进。

综上所述，高职人才培养的素质教育理念和实践需要贯穿整个教育过程，注重学生全面发展和个性化发展，包括教学内容、教学方法和教学评价等方面。只有这样，才能够培养更多更好的高素质技能人才，满足社会的发展需求。

二、基于1+X证书制度的高职人才创新能力培养模式

基于 1+X 证书制度的高职人才创新能力培养模式，是以 1+X 证书制度为基础，将创新能力培养作为重要目标，通过教学模式的创新，为学生提供更加适应未来职业发展的能力和素质。

（一）需要在课程设计方面注重创新能力培养

创新能力培养需要针对不同职业领域，设置不同的课程内容和课程目标。可以通过开设创新思维课程、实践创新课程等方式，激发学生的创新思维和实践能力。同时，结合职业技能等级证书考试要求，将创新能力作为考试内容的一部分，以提高学生对创新能力的重视程度。在基于 1+X 证书制度的课程设计中，可以通过以下方式注重创新能力培养。

引入创新元素：将创新教育纳入课程设计，将学生的创新能力培养融入到课程中。可以通过课程设计的方式，让学生从实际中发现问题，然后尝试去解决这些问题，培养学生的创新思维和实践能力。

提供开放式课程：开放式课程能够激发学生的创新能力，提高学生的实践操作能力。在开放式课程中，学生可以根据自己的兴趣和能力进行自主学习和实践，自由地探索和创造。这样可以培养学生的创新思维和能力。

引入项目实践：在课程设计中加入项目实践，让学生在实践中学习，通过与同学合作，解决实际问题，锻炼创新能力和实践能力。

探究式学习：通过探究式学习的方式，让学生在问题探究的过程中，逐渐培养创新能力。学生需要探究问题的本质，分析问题的特点和原因，寻找解决问题的方法，通过这个过程，可以培养学生的创新思维和实践能力。

评价体系的改进：通过改进教学评价体系，将创新能力作为评价的一项

指标，让学生的创新能力得到更好地展示和发挥。同时，在评价过程中，注重学生的实际操作能力和实践能力，而不仅仅是知识的掌握情况。

（二）需要在实践教学方面加强创新能力的培养

实践教学是创新能力培养的重要途径，可以通过开设项目实践、实习等方式，让学生参与到实际职业环境中，锻炼其创新能力和实践能力。同时，还可以组织学生参加创新竞赛、科技展览等活动，提高学生的创新思维和实践能力。在实践教学方面加强创新能力的培养可以从以下几个方面入手。

提供创新性实践课程：开设有针对性的创新性实践课程，鼓励学生参加创新性实践活动，提高学生的创新思维和实践能力。

引导学生开展自主创新项目：引导学生开展自主创新项目，鼓励学生在实践中探索创新，提高学生的创新能力。

提供创新性实践环境：为学生提供创新性实践环境，如创客空间、实验室等，让学生在实践中积累经验，培养创新意识和实践能力。

建立创新性实践教学评价体系：建立创新性实践教学评价体系，评价学生在实践中的创新能力和实践能力，为学生提供更好的创新性实践教学支持。

（三）需要在教学评价方面注重创新能力的评价

教学评价是创新能力培养的重要环节，需要将创新能力作为评价指标之一，注重学生的创新思维和实践能力。可以通过作品展示、实践报告等方式，评价学生的创新能力和实践能力。基于1+X证书制度，可以通过以下方式在教学评价方面注重创新能力的评价。

项目作品评价：学生可以在课程设计中进行实践项目或者创新项目的设计与实施，教师可以通过对学生项目作品的评价，考查学生的创新能力和实践能力。

学术论文评价：学生可以在课程设计中撰写学术论文，教师可以通过对学生学术论文的评价，考查学生的创新思维和研究能力。

专业技能证书评价：在实践教学中，教师可以结合1+X证书制度，对学生取得的专业技能证书进行评价，从而考查学生的实践能力和职业素质。

通过以上方式，可以全面地考查学生的创新能力和实践能力，为其提供更好的实践教学支持，提高学生的职业素质和创新能力。

基于1+X证书制度的高职人才创新能力培养模式，需要在课程设计、实践教学和教学评价等方面加强创新能力的培养。只有这样，才能够培养更多更好的高素质技能人才，为社会发展做出更大的贡献。

三、高职人才培养的科研能力与团队合作能力培养

高职人才培养的科研能力和团队合作能力都非常重要。下面是一些建议，可以帮助高职学生培养这些能力。

（一）科研能力培养

高职教育是为适应现代经济和社会发展需求而创建的，其培养目标是面向产业的高素质技能型人才。在当前社会快速发展的背景下，高职人才的科研能力已成为企业和社会对人才培养的一个重要要求。因此，高职院校需要加强科研能力的培养，提高学生的综合素质和职业能力。

高职院校应该调整课程设置，增加科研课程的比重，加强科研能力的培养。高职学生的时间和精力主要集中在实践技能的学习和掌握上，而科研能力的培养往往被忽视。因此，高职院校应该重新审视课程设置，增加科研课程和实践课程的比重，引导学生在实践中发现问题、探究问题，提高他们的科研能力。

高职院校应该鼓励学生参加科研项目和竞赛活动，培养科研能力。科研项目和竞赛活动是提高学生科研能力的有效途径，可以让学生在实践中锻炼科研能力和创新能力，增强综合素质和职业能力。高职院校应该积极组织学生参加科研项目和竞赛活动，提供必要的支持和指导。

高职院校应该建立科研导师制度，提供个性化指导，促进学生科研能力

的提升。高职学生在科研过程中往往会遇到各种问题，需要有专业的导师提供指导和支持。因此，高职院校应该建立科研导师制度，每位学生都应该有一位指导老师，提供个性化的指导和支持，帮助学生解决科研中的难题。

高职院校应该加强科研基础设施建设，提供科研实践的场所和条件。科研能力的培养需要有科研实践的场所和条件支持，高职院校应该加强科研基础设施建设，提供现代化的实验室和科研设备，为学生的科研实践提供必要的条件和支持。

（二）团队合作能力培养

高职团队合作能力培养可以分为两个方面：团队建设和团队合作技能培养。

1. 团队建设

团队建设是指构建一个高效、协作、稳定的团队，使团队成员之间形成良好的协作关系。在高职团队建设中，可以采取以下措施。

确定目标和角色：明确团队目标和每个成员的角色职责，以确保所有成员都清楚自己的任务，并能够协调一致地朝着目标前进。

沟通：团队成员之间要保持良好的沟通，及时交流信息、沟通问题，消除误解和不理解的情况，以建立互信和相互理解。

信任：建立团队信任的关键是要让团队成员感到被尊重和被听取。成员之间应该保持开放的心态，接受不同的意见和建议，以及批评和反馈，建立互相信任的氛围。

培养团队文化：构建一种团队文化，使成员能够尊重彼此、信任彼此、相互帮助、鼓励彼此，共同追求团队的目标。

2. 团队合作技能培养

团队合作技能是指在工作中需要团队成员协同工作时所需要的技能和能力。在高职教育中，可以通过以下方式培养团队合作技能。

模拟实战：团队成员可以参与模拟实战训练，比如模拟企业的项目合作，通过合作、协作的方式完成任务，以培养协作能力。

团队建设活动：通过开展团队建设活动，比如团队拓展、户外训练等，可以增强成员之间的信任感和凝聚力，以及团队合作技能。

角色扮演：通过角色扮演的方式，让团队成员体验到不同角色在团队中的职责和作用，以培养理解和尊重他人的能力。

案例分析：通过案例分析的方式，让团队成员了解不同团队合作的案例和经验，以学习如何协作和解决问题。

总之，高职团队合作能力的培养需要注重团队建设和团队合作技能的培养，需要通过不同的教育方式和手段。

第三节　基于1+X证书制度的高职实习与实践教学模式

一、基于1+X证书制度的高职实习教学模式

基于1+X证书制度的高职实习教学模式可以使学生更加深入地了解行业的需求，提高他们的职业竞争力。

（一）设计实践课程

学校可以为学生设计实践课程，例如模拟企业实践、实验室实践等，让学生更好地了解行业的实际情况和需求，并获得相应的职业技能。基于1+X证书制度的高职，实践课程设计需要紧密结合职业能力和职业技能等级证书考试内容，同时注重学生的实际能力和创新能力的培养。以下是一些设计实践课程的建议。

制定实践教学计划：制定针对不同专业和学生的实践教学计划，包括课程设置、实践项目和实践环节的安排等，确保实践教学与职业技能等级证书

考试内容相结合。

注重实践教学的多样性：采用多种实践教学方式，如模拟实验、案例教学、工程实践、项目实践等，以提高学生的实际操作能力和创新能力。

引导学生进行自主创新和研发：鼓励学生参与创新项目和研发活动，通过实践促进学生的创新思维和创新能力的培养。

加强实践教学评价：建立多元化的实践教学评价体系，通过作品展示、项目报告、学术论文等方式，评价学生的实际能力和创新能力，为学生提供更好的实践教学支持。

与行业合作开展实践项目：积极与行业合作，开展实践项目，让学生在真实的职业环境中进行实践，提高学生的职业素质和创新能力。

教师团队建设：建立教师团队，注重教师的实践经验和职业能力培养，为学生提供更好的实践教学指导和支持。

（二）确定实习标准

学校可以与企业合作，确定实习标准，确保学生在实习期间能够达到企业的要求，并获得相应的职业技能证书。确定实习标准需要考虑以下几个方面。

证书要求：要根据1+X证书制度的要求，了解相关证书对实习经历的要求和标准，以便制定相应的实习标准。

企业需求：要了解当前就业市场对相关职业的要求和企业的实际需求，以便确定实习标准和实习内容。

课程目标：要根据课程目标和学生的学习需求，确定实习的目的和方向，以便为实习制定明确的标准和要求。

师资支持：要考虑教师资源和实习指导的能力，以确保实习标准的实施和实习效果的达成。

学生能力：要考虑学生的实际能力和实习经验，以制定适合不同学生的实习标准，使其具有可完成性和可挑战性。

（三）提供职业技能培训

学校可以为学生提供职业技能培训课程，例如，操作技能、软件应用、职业素养等。这将有助于学生提高职业技能水平，并获得相应的职业技能证书。基于1+X证书制度的高职教育，需要提供职业技能培训，以满足市场需求和提高学生的就业竞争力。以下是一些提供职业技能培训的方法。

整合企业资源：高职院校可以与企业合作，整合企业的技术、资源和经验，开设与企业相关的职业技能培训课程，为学生提供实际操作的机会，以便学生更好地适应市场需求。

制定培训计划：高职院校可以根据市场需求和学生需求制定职业技能培训计划，确保培训课程的实用性和针对性。

搭建实训平台：高职院校可以搭建实训平台，提供真实的工作环境和设备，让学生在实践中掌握实际操作技能和应用知识。

建立导师制度：高职院校可以建立导师制度，为学生提供个性化的指导和帮助，指导学生更好地完成职业技能培训课程，提高学生的职业素质和创新能力。

提供在线课程：高职院校可以通过网络平台提供在线课程，让学生随时随地进行学习和培训，以适应快速变化的市场需求。

（四）评估实习效果

学校可以通过实习报告、实习成果展示等方式，评估学生的实习效果，并为他们颁发相应的职业技能证书。这将有助于学生更好地了解自己的实习成果和职业技能水平，并提高他们的职业竞争力。评估实习效果可以从以下几个方面进行。

实习成果评估：对学生在实习期间完成的任务、项目或作品进行评估，以了解学生在实践中的能力表现。

实习过程评估：对学生在实习过程中的表现进行评估，如工作态度、沟通能力、团队合作能力等，以了解学生在实践中的综合素质和职业素养。

实习反馈评估：通过实习导师、企业单位或学生自评等方式，收集实习过程中的反馈意见，以了解实习的实际效果和存在的问题，并针对性地进行改进。

实习报告评估：要求学生在实习结束后撰写实习报告，从实践的角度进行总结和分析，并对实习效果进行评估。

以上评估方式可以相互结合，进行综合评估。同时，应该在评估中注重实习的实际效果，关注学生在实践中的实际能力表现，以及实习对学生职业素养和创新能力的培养作用。

总之，基于1＋X证书制度的高职实习教学模式可以帮助学生更好地了解行业需求，提高他们的职业竞争力。学校应该积极开展这种教学模式，并与企业合作，为学生提供更多的职业发展机会。

二、高职人才培养的创业实践与创新创业能力培养

高职人才培养的创业实践和创新创业能力培养是高职教育的重要任务之一，以下是一些建议可以帮助高职院校实现这一目标。

（一）创业教育课程

高职院校可以为学生开设创业教育课程，如创业管理、商业计划书编写等，培养学生的创业意识和创业管理能力。在高职人才培养的创业实践与创新创业能力培养中，创业教育课程的设置是非常重要的。

制定创业教育的培养目标：在制定创业教育课程之前，需要明确培养目标，确定学生应该具备哪些能力，比如创新思维能力、商业计划书撰写能力、团队协作能力、市场营销能力等。

选择适当的课程设置：创业教育课程的设置应该根据学生的专业背景和创业意愿来选择适当的课程。可以考虑设置创业基础知识、创业管理、市场营销、商业计划书撰写、融资等课程。

加强实践环节：创业教育的实践环节非常重要，可以考虑组织创业比赛、创业实践课程、企业实习、创业讲座等实践活动，让学生在实践中学习创业技能。

引入实战案例：在课程中引入实战案例可以帮助学生更好地理解和掌握创业知识，学生可以通过案例分析来学习实际创业经验。

教师培训与指导：为了提高创业教育的教学质量，需要为教师提供相关培训和指导，帮助教师提高创业教育的专业水平，更好地指导学生。

（二）实践教学项目

高职院校可以通过实践教学项目，如创新实验室、企业实习等，提供学生创新创业的机会，让学生亲身体验创业过程，培养创业技能和创新创业精神。在基于高职人才培养的创业实践与创新创业能力培养方面，设置实践教学项目是非常重要的一环。

确定项目主题：根据学生的专业背景和兴趣爱好，确定创业实践项目的主题。可以通过学生自主选题、指导教师提供主题、企业提供实践项目等多种方式确定。

制定项目计划：针对每个实践项目，制定详细的项目计划。包括项目的具体目标、实施时间表、项目组成员的任务分工、项目实施的方法和手段等方面的内容。

组建项目团队：将学生分成不同的小组，每个小组由3～5名学生组成，并根据项目主题和任务分工安排小组成员。

提供实践指导：为每个小组分配一名指导教师，指导教师可以是该领域的专家、企业的技术骨干、学校的教师等人员，为小组提供实践指导和技术支持。

实践项目实施：按照项目计划和任务分工，开展实践项目的实施。学生可以到企业、社会组织等实践场所进行实践，也可以在校内开展实践项目。

实践项目总结：在实践项目实施结束后，对项目进行总结和评价。包括对项目实施情况、成果和经验教训的总结和分析，同时也要对学生进行个人能力和团队合作能力的评价。

项目成果展示：将学生的实践项目成果进行展示和宣传。可以通过学校的展示活动、行业展览会等方式将学生的创新创业成果展示出来，增强学生的创业意识和创业能力。

（三）创业导师指导

高职院校可以邀请有丰富创业经验的人士或成功企业家担任学生的创业导师，指导学生如何制定商业计划、管理创业风险等，帮助学生了解创业实践中的挑战和机遇。基于高职人才培养的创业实践与创新创业能力培养，创业导师扮演着非常重要的角色。创业导师需要具备丰富的创业经验和教育教学经验，能够帮助学生识别商业机会、制定商业计划、了解市场、管理企业等。

鼓励学生思考创新创业的可能性。导师可以引导学生思考未来的市场趋势、新兴产业、社会需求等，从中发掘商业机会。

帮助学生制定商业计划。导师可以帮助学生梳理思路、明确目标、制定策略、评估风险，从而为学生的创业道路提供指导。

指导学生学习市场营销和管理知识。创业过程中，市场营销和管理是非常重要的方面。导师可以帮助学生了解市场营销和管理的基本知识，并指导学生如何应用这些知识。

提供资源支持。创业导师可以帮助学生获取创业资源，例如资金、人才、技术等，从而提高学生创业的成功率。

帮助学生建立创业网络。创业导师可以帮助学生建立创业网络，与其他企业家、投资人、学者等建立联系，以获取更多的资源和支持。

总之，创业导师需要与学生保持密切的联系，为学生提供全方位的创业支持和指导，帮助他们成功创业。

（四）创新创业比赛

高职院校可以组织创新创业比赛，鼓励学生积极参与，展示创新创业成果。比赛不仅可以促进学生之间的交流和合作，还可以提高学生的创新创业能力和实践能力。

设置不同类型的比赛：可以根据不同的创业领域或阶段，设置不同类型的比赛，例如商业计划书比赛、创意设计比赛、产品创新比赛等。

引入专业评审：可以邀请相关领域的专家或创业导师担任评审，从专业角度对比赛作品进行评价。

联合企业开展：可以联合当地的企业开展比赛，提供实践机会，让学生更好地了解市场需求，锻炼创业能力。

联合其他高校：可以联合其他高校开展比赛，拓宽学生的创业视野，促进不同地区高校之间的创业交流。

设立奖项：可以设立不同的奖项，包括最佳商业计划奖、最具创意奖、最具潜力奖等，激励学生积极参与比赛，提高比赛的吸引力。

持续改进：比赛需要持续改进，根据学生的反馈和市场需求，不断调整比赛的设置和内容，提高比赛的质量和时效性。

（五）创业资金支持

高职院校可以通过资金支持、投资基金等方式，为有创业想法的学生提供创业资金支持，帮助他们创业实践，增强创新创业精神和创业能力。获得创业资金支持是创业实践与创新创业能力培养的重要一环。

学校创业基金：一些高职学校会设立创业基金，向学生提供资金支持和帮助。

政府创业扶持政策：政府会有一些创业扶持政策，例如提供创业贷款、减免税收、提供创业培训等。

创业比赛奖金：参加创业比赛并获奖可以得到一定的奖金资助。

创业投资：创业者可以向创业投资机构寻求资金支持，但需要有具有市场前景的创意和商业计划，并需要通过评估和审查。

互联网众筹：利用互联网平台，可以向广大公众募集创业资金，但需要有吸引人的创意和商业计划，并需要付出相应的平台手续费用。

总之，获得创业资金支持需要有具有市场前景的创意和商业计划，同时需要积极寻找和申请各种途径的支持。高职人才的创业实践和创新创业能力培养是高职教育的重要任务之一，高职院校应该积极采取有效的措施和方法，为学生提供更多的创业机会和创新创业的培训，帮助他们实现自我价值和社会价值的双重增长。

第四章

1+X 证书制度下高职人才培养的质量保障与提升

第一节　高职人才培养质量保障体系构建

一、高职人才培养质量保障体系的概述

（一）高职人才培养质量保障的重要性和必要性

高职人才培养质量保障是高职教育的重要保证，对于提高高职人才的素质、提升高职教育水平、推进经济发展和社会进步都具有重要意义。

高职人才培养质量保障能够提高毕业生的就业竞争力。随着社会发展的变化和就业形势的严峻，高职毕业生在就业市场上面临着严峻的挑战。因此，高职院校应该注重提高教学质量，注重实践教学和创新创业能力的培养，使毕业生具备更强的实践能力和创新能力，提高毕业生的就业竞争力。

高职人才培养质量保障能够促进高职教育的发展。高职教育是适应国家经济和社会发展需要的重要教育形式。高职人才培养质量是高职教育发展的核心，它关系到高职教育的声誉和影响力。高质量的教育能够培养出更多的

优秀人才，促进高职教育的发展。

高职人才培养质量保障能够增强高职教育的社会认可度。高职人才培养质量的提高可以增强高职教育的社会认可度，提高高职人才的社会地位和职业声誉，使其更具有职业发展潜力。

高职人才培养质量保障能够提升高职教育的国际化水平。高职教育国际化是高职院校走向世界、进军国际市场的必由之路。高质量的高职人才培养质量是高职院校向国际教育市场开放的重要条件之一。提升高职人才培养质量，可以增强高职院校的国际化水平，提高其在国际教育市场的竞争力。

（二）高职人才培养质量保障体系的构建原则和思路

高职人才培养质量保障体系的构建原则和思路需要综合考虑以下几个方面。

1. 以市场需求为导向

高职人才的培养应以市场需求为导向，紧密结合当前社会和经济的实际需求，培养符合市场要求的高素质人才。这意味着高职院校需要根据市场需求不断地调整和改进专业设置，加强与企业的合作，以确保培养出的毕业生具有实用性和竞争力。

2. 以专业特色为依托

高职院校应以专业特色为依托，突出专业特点，注重实践性、创新性和应用性，使学生在学习中充分体验到专业的特色和优势。同时，高职院校也应加强师资队伍建设，招聘有丰富实践经验的教师，加强教师培训，提高教师的教学能力和专业素养。

3. 强调职业素养培养

高职人才的培养应注重职业素养的培养。职业素养是指学生在专业技能和知识的基础上，具备良好的职业道德、职业素养和职业精神，能够适应职业发展需要，具备自我学习和自我提升的能力。高职院校应注重职业道德和职业规范的培养，通过多种形式开展职业素养教育，培养学生的职业意识、职业责任感和职业道德。

4. 实行质量评价机制

高职人才培养质量保障体系还应包括有效的质量评价机制。高职院校应建立科学合理的评价体系，对学生的学习和实践情况进行全面评价，对教师的教学水平和教学成果进行评价。同时，高职院校也应加强内部质量管理，不断完善质量保障体系，提高人才培养质量。

5. 加强实践教学环节

高职人才培养质量保障体系的构建还需要加强实践教学环节。高职院校应将实践教学作为人才培养的重要环节，加强实践教学的内容和形式的创新，推动实践教学与产业结合，提高学生的实际操作能力和解决问题的能力。此外，高职院校还应加强学生实习、毕业设计和毕业论文的指导，注重实践教学环节的评价和反馈，以保证实践教学环节的有效性和学生实践能力的提高。

6. 强化学生综合素质教育

高职人才培养质量保障体系的构建也需要强化学生综合素质教育。高职院校应注重学生的思想政治教育、文化素质教育和身体健康教育，培养学生的人文素养和社会责任感，增强学生的综合素质。高职院校还应开展丰富多彩的文体活动和社团活动，为学生提供全面的发展平台。高职人才培养质量保障体系的构建原则和思路需要以市场需求为导向，以专业特色为依托，强调职业素养培养，实行质量评价机制，加强实践教学环节和学生综合素质教育，以确保高职院校培养出的毕业生具有实用性和竞争力，满足社会和经济的发展需要。

二、高职人才培养质量保障体系的基本要素

（一）课程设计和教学内容的质量保障

高职人才培养的课程设计和教学内容是培养高素质应用型人才的关键。为了保障高职人才培养的课程设计和教学内容质量，需要从以下几个方面进

行深入论述。

1. 根据市场需求和产业发展设计课程

高职院校的课程设计应根据市场需求和产业发展情况来确定。通过市场调研和与产业合作，了解行业所需人才的技能和知识，制定出具有实用性和前瞻性的课程方案。此外，高职院校还应密切关注国家和地方的政策和规划，调整课程结构和内容，适应产业结构的变化和需求的调整。

2. 强化职业素养的培养

高职人才培养的重点是职业素养的培养。高职院校应注重教育学生的职业道德、职业精神、职业技能和职业规范，使其具备适应现代职业市场需求的素质。高职院校应加强学生的实践教学环节，让学生在实际操作中获得职业技能和职业规范，提高其职业素养和职业竞争力。

3. 采用现代化的教学手段和技术

高职院校的教学内容应采用现代化的教学手段和技术，以满足学生学习需求和提高教学效果。高职院校应注重开发教学软件、教学视频等现代化教学手段，提供线上学习资源，以方便学生学习和了解实际操作技能。此外，高职院校还应采用人工智能技术、虚拟现实技术等先进技术，为学生提供更加丰富的学习体验。

4. 加强实践教学环节的质量保障

实践教学是高职人才培养的重要组成部分。高职院校应加强实践教学环节的质量保障，确保学生在实践教学中获得真实的职业体验和实际操作技能。高职院校应建立实践教学质量评价机制，对实践教学环节进行评估和反馈，以不断改进和提高实践教学环节的教学质量。

5. 强化师资队伍建设

高职人才培养的质量离不开高水平师资队伍的支持。高职院校应加强师资队伍建设，提高教师的教学水平和职业素养。高职院校应建立完善的教师培训和职称评聘制度，鼓励教师参与科研和教学改革，提高教学质量和教学效果。

6. 实行教育教学质量监控机制

高职院校应实行教育教学质量监控机制，定期进行教育教学质量评估和监控。通过对教学质量的监控，发现和解决教学中存在的问题，提高教学质量和教学效果。同时，还应定期开展教师教学评估和学生满意度调查，以了解教学效果和学生对教学内容和质量的评价。

综上所述，高职人才培养的课程设计和教学内容质量保障需要从市场需求、职业素养、教学手段和技术、实践教学、师资队伍建设，以及教育教学质量监控等方面入手。高职院校应注重教育学生实际操作技能和职业素质，采用现代化的教学手段和技术，加强实践教学环节的质量保障，提高教师的教学水平和职业素养，实行教育教学质量监控机制，不断提高高职人才培养的质量和效果。

（二）师资队伍建设和教学方法的质量保障

高职人才培养的质量保障离不开师资队伍建设和教学方法的不断创新和提升。以下分别从师资队伍建设和教学方法两个方面进行深入论述。

1. 师资队伍建设的质量保障

优化师资队伍结构：高职院校应根据专业特点和人才培养目标，优化师资队伍结构。应当引进高层次人才和业界精英担任兼职教师、特聘教授和行业顾问，提高师资队伍的专业水平和教学质量。同时，应加强教师的教学能力和职业素质培养，不断提高教师的教育教学能力和创新能力。

加强教师培训和职称评聘制度：高职院校应建立完善的教师培训和职称评聘制度，鼓励教师参加各种形式的教师培训和学术交流活动，提高教师的教学水平和教育教学研究能力。同时，应根据教师的实际表现和职业素养评聘职称，激励教师积极投入教育教学改革和课程建设中。

提高师资队伍的薪酬待遇：高职院校应重视教师的薪酬待遇，提高教师的收入水平，吸引更多的优秀人才加入到高职人才培养的队伍中。同时，应根据教师的实际表现和工作量，合理调整教师的薪酬待遇，激励教师提高教学质量和创新能力。

2. 教学方法的质量保障

创新教学手段和技术：高职人才培养的教学内容和课程设置与时俱进，教学手段和技术应不断创新和提升。应积极推行信息化教学和网络教学，采用多媒体、虚拟仿真和实验等现代化教学手段和技术，提高教学效果和吸引力。同时，应加强教学方法的研究和实践，探索适合高职人才培养的教学方法，提高教学质量和效率。

推行案例教学和实践教学：高职人才培养的目标是培养实用型人才，因此应重视实践教学和案例教学。应该根据学科特点和人才培养目标，设计相应的实践教学和案例教学内容，引导学生学习解决实际问题的方法和技巧，提高学生的实践能力和综合素质。

实施导师制和学生管理：高职院校应实施导师制，建立学生个性化培养方案，指导学生学习、生活和职业规划，帮助学生克服学习和生活中的困难，激励学生发挥自己的优势，实现自我价值的最大化。同时，应加强学生管理和服务工作，提高学生的学习积极性和学习效果。

加强教育教学质量评估和监测：高职院校应建立完善的教育教学质量评估和监测机制，对教学过程和教学成果进行全面的评估和监测，及时发现和解决存在的问题，提高教学质量和效果。同时，应加强对学生的学业情况和就业情况的跟踪和调查，为高职人才培养提供可靠的数据和反馈。

综上所述，高职人才培养的质量保障离不开师资队伍建设和教学方法的不断创新和提升。高职院校应根据专业特点和人才培养目标，优化师资队伍结构，加强教师培训和职称评聘制度，提高师资队伍的薪酬待遇。同时，应不断创新教学手段和技术，推行案例教学和实践教学，实施导师制和学生管理，加强教育教学质量评估和监测，全面提高高职人才培养的质量和效果。

（三）实习和实践环节的质量保障

高职人才培养的实习和实践环节是培养实用型人才的重要环节，也是高职人才培养的核心内容之一。在实习和实践环节中，学生将通过实践来巩固所学知识，提高实践能力和实际操作能力，为将来的就业做好准备。因此，实习和实践环节的质量保障至关重要。

1. 设计合理的实习和实践方案

高职院校应根据专业特点和人才培养目标，设计合理的实习和实践方案。实习和实践方案应包含实践目标、实践内容、实践方式、实践时间和实践指导等方面，确保学生在实习和实践中能够达到预期的目标和效果。同时，应加强对实习和实践基地的选择和管理，确保实践环节能够与专业实际需求相符合。

2. 强化实习和实践指导

实习和实践过程中，学生需要有专业的指导老师进行指导和辅导。高职院校应加强实习和实践指导，确保指导老师具备较高的专业水平和教学能力。指导老师应指导学生制定实践计划，解答学生在实践中遇到的问题，监督学生的实践过程，对学生的实践成果进行评价和总结。

3. 加强实习和实践管理

高职院校应加强实习和实践管理，确保实习和实践过程的规范性和有效性。实习和实践管理应包括实习和实践基地的管理、实习和实践过程的监督和评价、实习和实践安全和保险等方面。同时，应建立健全实习和实践考核机制，对学生的实践成果进行评价和记录。

4. 持续改进实习和实践环节

高职院校应持续改进实习和实践环节，根据学生实习和实践过程中的反馈意见和成果情况，调整和完善实习和实践方案。同时，应加强与用人单位的沟通和合作，了解用人单位的实际需求，根据需求调整实习和实践方案，提高学生的实际操作能力和就业竞争力。

综上所述，高职人才培养的实习和实践环节的质量保障需要通过多种措施来实现，包括设计合理的实习和实践方案、强化实习和实践指导、加强实习和实践管理、持续改进实习和实践环节等。这些措施的有效实施可以提高学生的实际操作能力和就业竞争力，为社会培养更多实用型人才。

（四）学生评价和质量监控的质量保障

高职人才培养的学生评价和质量监控是高职教育质量保障体系的重要组成部分。学生评价可以反映出高职人才培养过程中的不足和优点，为学校制定改进措施提供依据；而质量监控则可以对高职人才培养过程中的各个环节进行全面监控和评估，及时发现问题并加以解决，确保高职人才培养的质量。

1. 学生评价

学生评价是高职人才培养质量保障的重要组成部分。学校应该建立学生评价机制，包括学生评教、学生反馈、学生满意度调查等方式，了解学生对教学过程、教学内容、教学质量、教师教学水平等方面的意见和建议。学校应该对学生的评价意见进行认真分析和总结，根据评价结果，及时调整教学方式和教学内容，提高教学质量和水平。

2. 质量监控

质量监控是高职人才培养质量保障的重要手段。高职院校应该建立全方位的质量监控机制，对高职人才培养过程中的教学环节、实习和实践环节、教师教学水平、学生素质等各个方面进行监控和评估。质量监控可以通过学校内部的质量监控机制和外部的评估机制来实现。学校内部的质量监控机制可以通过制定质量监控指标、建立监控体系、定期进行质量分析和评估等方式来实现；外部评估可以通过国家的评估机构或者行业协会的评估机构来实现，评估机构可以对高职人才培养质量进行全面的评估，评估结果可以为学校改进提供参考。

3. 建立诚信考试制度

诚信考试是高职人才培养质量保障的重要手段之一。高职院校应该建立诚信考试制度，对学生在考试中的作弊行为进行惩罚，维护考试的公平性和正常秩序。同时，学校应该对学生进行诚信教育，增强学生的道德意识和诚信意识，树立正确的考试态度，培养学生的诚信精神和道德品质。

4. 建立学风建设机制

学风建设是高职人才培养质量保障的重要组成部分。高职院校应该建立学风建设机制，加强学生教育和管理，引导学生树立正确的学习态度和价值观。学校应该制定学风建设计划和方案，通过各种形式的教育和管理手段，推动学生积极参与学习、增强学习自觉性和主动性，加强学生素质的培养和提升。

5. 加强教学资源建设

教学资源是高职人才培养质量保障的重要保障之一。高职院校应该加强教学资源的建设，包括教师队伍建设、实验室建设、设备更新等方面。学校应该重视教师队伍建设，提高教师教学水平和教学质量。同时，学校还应该建立完善的实验室和设备更新机制，保障实验教学的质量和效果。

高职人才培养的学生评价和质量监控、诚信考试制度、学风建设机制和教学资源建设是高职人才培养质量保障的重要手段和保障措施。高职院校应该不断完善和优化这些机制和措施，提高高职人才培养质量和水平。

三、高职人才培养质量保障体系的实施路径

（一）制定高职人才培养质量保障方案

制定高职人才培养质量保障方案是高职院校保障人才培养质量的重要举措。制定高职人才培养质量保障方案应该考虑以下几个方面。

1. 确定目标和任务

制定高职人才培养质量保障方案的首要任务是明确培养目标和任务。高职院校应该明确培养人才的目标和任务，包括培养人才的专业技能和职业素养，以及促进学生全面发展的目标和任务。在制定方案的过程中，应该考虑学校的实际情况和人才培养的需求，制定具有可行性的方案。

2. 确定保障机制

制定高职人才培养质量保障方案还需要明确保障机制。保障机制应该包

括教学管理机制、质量监控机制、考核评价机制等。其中，教学管理机制是保障高职人才培养质量的重要组成部分，它涉及教学计划、课程设置、教材选用、教师培训等方面。质量监控机制是保障高职人才培养质量的重要手段，它涉及教学质量监控、教师教学质量监控、学生学业成绩监控等方面。考核评价机制是保障高职人才培养质量的重要手段，涉及课程考核、学生评价、教师评价等方面。

3. 确定实施方案

制定高职人才培养质量保障方案还需要确定实施方案。实施方案应该包括实施步骤、实施时间和实施人员等方面。在制定实施方案的过程中，应该考虑实施方案的可行性和实际情况，尽可能地减少实施方案的风险和不确定性。

4. 确定质量评估机制

制定高职人才培养质量保障方案还需要确定质量评估机制。质量评估机制应该包括内部评估和外部评估两个方面。内部评估是指学校内部对高职人才培养质量进行评估，主要包括学生学业成绩、教师教学评价、学生评价等方面。外部评估是指由外部专家对高职人才培养质量进行评估，主要包括教育部门的评估、职业资格认证评估等。

在制定质量评估机制时，应该确定评估的内容、标准和方法。评估内容应该包括教学质量、学生学业成绩、学生综合素质等方面；评估标准应该根据国家教育部门和职业资格认证机构的要求，制定符合学校实际情况的评估标准；评估方法应该包括问卷调查、教学观摩、案例分析等多种方法，以保证评估结果的客观性和准确性。

5. 确定持续改进机制

制定高职人才培养质量保障方案还需要确定持续改进机制。持续改进机制是保障高职人才培养质量的关键，它能够帮助学校不断改进教学质量、提高学生综合素质。在制定持续改进机制时，应该建立反馈机制，及时获取学生、教师和雇主的反馈意见，制定改进措施，促进教学质量不断提高。

综上所述,制定高职人才培养质量保障方案是保障高职人才培养质量的重要举措,它需要考虑培养目标和任务、保障机制、实施方案、质量评估机制和持续改进机制等方面,以保证高职人才培养质量的稳步提高。

(二) 推进高职人才培养质量保障工作的具体实施

推进高职人才培养质量保障工作需要落实具体的实施措施,以下是具体的实施步骤。

1. 确立质量保障目标和指标体系

在制定高职人才培养质量保障工作的具体实施方案之前,需要先明确质量保障的目标和指标体系。质量保障目标要与学校的发展战略和高职人才培养的要求相匹配,具体的指标体系应包括学生入学质量、教学质量、科研成果等方面的指标,并应该量化、可操作、可检查和可评价。

2. 建立质量保障机制

建立高职人才培养质量保障机制,包括人员配备、管理制度、教学质量评价、问题反馈和改进措施等方面。可以设立专门的质量保障部门或者质量保障中心,负责整个工作的组织和协调。同时,还需要制定相应的工作制度和规范,确保每个环节的质量得到有效的保障。

3. 实施全员培训

将质量保障工作纳入到全员培训的内容中,让全体教师和工作人员了解质量保障工作的重要性和具体实施方案,提高质量意识和工作能力。

4. 加强师资队伍建设

高职人才培养的质量很大程度上取决于教师队伍的水平。因此,高职院校要加强师资队伍的建设,招聘高水平的教师、鼓励教师参与科研和教学改革等方面,提升教师队伍的整体水平。

5. 加强课程设计和教学质量管理

制定具体的课程设计方案,从课程设置、教学方法、教材使用、实践教学等方面入手,保障教学质量。要建立完善的教学质量管理机制,定期开展教学质量评估,及时发现和解决问题。

6. 加强实习和实践环节管理

实习和实践环节是高职人才培养中至关重要的环节，必须加强管理和监督。高职院校可以通过与企业合作，开展校企合作的实践，加强实习内容的专业性和现代化。

7. 评价和反馈

为了检查高职人才培养质量保障体系的实施情况和效果，需要进行评价和反馈。这个过程可以包括内部和外部评估，如学生满意度调查、毕业生跟踪调查、企业反馈等。评价和反馈的结果将提供改进措施和未来方向的指导。此外，公开透明的评估过程可以促进高职院校之间的竞争，鼓励更好地实践。

在评价和反馈过程中，需要确保数据的准确性和可靠性。评估工具和方法应该根据高职人才培养的特点进行设计，同时，评价和反馈的结果应该及时反馈给教师和学生，以便他们做出相应的调整。

总之，高职人才培养质量保障工作是高职院校的核心任务之一。建立高职人才培养质量保障体系，需要教师、学生和管理人员的合作和努力。通过合理的课程设计和教学方法、实习和实践环节、师资队伍建设以及评价和反馈，高职院校可以为社会培养更多优秀的高素质人才。

（三）不断完善高职人才培养质量保障体系

高职人才培养质量保障体系的完善还需要关注以下几个方面。

根据时代需求不断更新培养目标和培养方案，确保培养出的人才符合社会的需求和发展趋势。这需要高职院校及时调整和更新课程设置，增加实践教学环节，提高师资队伍水平，建立良好的校企合作关系，以及积极探索和推广新的教学方法和教育技术。

建立健全的学生评价和质量监控体系，不断完善评价指标和方法，确保评价结果客观、公正、科学，并将其作为优化教育教学和质量保障体系的重要依据。同时，要加强与社会企业的联系，获取更多的反馈信息，及时调整和完善培养方案和课程设置。

加强教师培训和教育教学研究，提高教师的教学水平和科研能力，推广先进的教育教学理念和方法，为高职人才培养质量保障体系的不断完善提供有力支撑。

积极参与高职人才培养质量评估和认证，及时了解和吸纳评估意见和建议，不断优化和完善高职人才培养质量保障体系，提高培养质量和水平，促进高职教育的可持续发展。

总之，高职人才培养质量保障体系的完善需要高职院校及其相关部门的共同努力和积极参与，同时需要政府、企业和社会的支持和配合。只有通过不断地努力和改进，才能够培养出更多、更优秀的高职人才，为我国经济社会的发展做出更大的贡献。

四、高职人才培养质量保障体系的效果评价和提升

（一）高职人才培养质量保障体系的效果评价方法

高职人才培养质量保障体系的效果评价是对质量保障体系的有效性和有效性的检验，也是对高职人才培养工作的总体评价。因此，高职人才培养质量保障体系的效果评价方法至关重要。

1. 评价指标的确定

高职人才培养质量保障体系的效果评价应该从以下几个方面进行评估。

教育教学质量：包括教学效果、教学成果、教学水平等。

师资队伍建设：包括师资力量、教学水平、教学态度等。

实践教学环节：包括实习、实践等环节的质量。

学生综合素质：包括学生学习能力、创新能力、实践能力、综合素质等。

教学资源建设：包括教学设施、实验仪器设备、实习场地、教材等。

就业质量：包括毕业生就业情况、就业岗位和薪资待遇等。

2. 评价方法的选择

高职人才培养质量保障体系的效果评价方法包括问卷调查、访谈、观察、

实地考察、数据分析等。其中，问卷调查是一种量化的评价方法，可以对学生、教师、用人单位等进行调查，以获得相关数据；访谈和观察是一种定性的评价方法，可以了解教师和学生的实际情况，同时也可以收集到用人单位的反馈信息；实地考察可以进一步了解学校的教学资源建设情况；数据分析可以从数据的角度对高职人才培养质量进行评价，同时也可以将不同评价指标进行综合评价。

3. 评价结果的处理和应用

评价结果的处理和应用是高职人才培养质量保障工作的重要环节。在评价结果的处理中，应该对评价结果进行综合分析，找出问题和优点，并对评价指标进行适当的调整和改进。在评价结果的应用中，可以将评价结果反馈给高职院校的领导、教师和学生，以帮助他们改进教学方法、提高教学质量。

4. 反馈式评价

它强调将学生、教师、管理者、雇主等各方的反馈作为质量保障的重要参考。

对学生的反馈进行评价。学生是高职人才培养的直接受益者和最终评价者。通过对学生的反馈进行评价，可以了解课程设置、教学方法、实践环节、师资队伍等方面的优点和不足之处。同时，可以借助学生的反馈来及时发现和解决问题，从而不断完善教学质量。

对教师的反馈进行评价。教师是高职人才培养的重要组成部分，其教学质量直接关系到学生的学习效果。通过对教师的反馈进行评价，可以了解教师的教学风格、教学能力、教学态度等方面的优点和不足，从而针对性地进行培训和提高，进一步提高教学质量。

对管理者和雇主的反馈也非常重要。管理者可以从组织管理和运作的角度对高职人才培养质量进行评价，如管理模式、资源配置、制度建设等方面；而雇主可以从用人单位的角度对高职人才的综合素质进行评价，如专业技能、实践经验、职业道德等方面。

除了反馈式评价，还可以采用其他评价方法，如指标式评价、对比式评价等。其中，指标式评价是将高职人才培养质量要素分解为一系列指标，然后根据这些指标来评价高职人才培养质量；对比式评价则是将高职人才培养质量与其他高等教育机构或国家标准进行对比，从而评价其质量。

无论采用哪种评价方法，都需要根据具体情况进行选择和调整，以确保评价结果准确、科学、客观、全面。同时，还需要注重评价结果的应用和反馈，及时发现问题并加以解决，从而实现高职人才培养质量保障体系的不断完善和提高。

（二）针对评价结果进行调整和优化

高职人才培养的质量保障工作需要建立一个良好的反馈机制，对评价结果进行及时的分析和调整，以达到不断优化的目的。具体来说，可以采取以下措施。

分析评价结果：针对每一个环节和指标，对评价结果进行定期分析，找出存在的问题和不足之处，从而确定改进方向。

制定调整方案：根据评价结果的分析，制定具体的调整方案，明确改进措施和时间节点，以确保改进措施的有效实施。

加强师资培训：针对评价结果中教师教学能力、教学方法等存在的问题，加强师资培训，提高教师的专业素养和教学水平。

完善教学设施：根据评价结果中学生实习和实践环节的反馈，逐步完善实验室设施和实训场地，以提高学生的实际操作能力。

加强学生指导：根据学生评价结果，加强学生个性化的指导和辅导，帮助学生解决实际问题和困难，提高学生的综合素质。

不断优化课程设置：根据评价结果中课程设置的反馈，不断优化课程设置，增加实用性和实践性，以提高学生的应用能力。

加强教学管理：建立健全的教学管理制度，加强教学质量监控，及时发现和纠正存在的问题，确保教学工作有序进行。

总之，高职人才培养的质量保障工作需要不断地对评价结果进行分析和调整，以确保高职人才培养质量的不断提升。

（三）持续提升高职人才培养质量保障体系的水平

持续提升高职人才培养质量保障体系的水平需要不断地进行反思和改进。以下是一些可能的思路和方法。

不断改进评价方法和指标体系。评价是提升质量保障体系的重要手段，需要不断地关注和反思评价指标的科学性和实用性。针对评价结果和反馈意见，对指标体系和评价方法进行调整和优化，使其更加贴合实际需求，更加全面和有效。

强化数据分析和运用。高职人才培养质量保障体系需要依托数据来进行评价和改进。需要建立健全的数据采集和管理机制，加强数据分析和运用的能力，将数据转化为有用的信息和知识，以指导决策和优化。

推动教学方法的创新和实践。高职人才培养质量保障体系的效果取决于教学方法的科学性和实用性。需要加强教学方法的研究和创新，推广有效的教学方法和实践，以提高教学质量和学生的学习效果。

加强师资队伍建设和培训。高职人才培养质量保障体系的效果还取决于师资队伍的能力和素质。需要加强师资队伍的建设和培训，提高教师的教学水平和专业素养，使其能够更好地适应高职人才培养的需要。

推进高校内部协同和外部合作。高职人才培养质量保障体系的建设需要各部门之间的协同配合和资源共享。需要推进高校内部协同机制的建设，形成内部良性互动的局面。同时，还需要加强与企业、行业和社会的合作，以共同推进高职人才培养质量的提升。

建立长效机制和文化。高职人才培养质量保障体系的建设需要长期的持续性和稳定性。需要建立健全的长效机制，确保各项制度的落实和有效性。同时，还需要树立质量文化，弘扬质量意识和质量精神，使高职人才培养质量保障成为全校师生的共同追求和责任。

第二节　基于1+X证书制度的高职人才培养质量评价与认证

一、高职人才培养质量评价与认证的概述

高职人才培养质量评价与认证是对高职人才培养质量进行检验和认证的过程。这一过程可以帮助高职院校确定培养目标、课程设置和教学质量等方面存在的问题，提升高职人才培养的质量水平，同时也能够提升高职院校的知名度和影响力。

高职人才培养质量评价与认证的内容包括以下几个方面。

培养目标与课程设置的评价：对高职院校制定的培养目标和课程设置进行评价，确定其与行业需求的匹配程度以及是否符合国家教育政策。

教学质量评价：通过对高职院校的教学质量进行评价，包括师资力量、教学方法、实践教学等方面，确定教学质量的强弱项和改进方向。

学生评价与毕业生就业情况评价：对高职院校的学生进行评价，包括学业成绩、专业能力、综合素质等方面，同时对毕业生就业情况进行评价，包括就业率、就业质量等方面。

学校管理评价：对高职院校的管理水平进行评价，包括行政管理、资产管理、财务管理等方面，确定学校管理存在的问题和改进方向。

高职人才培养质量评价与认证主要通过以下几种方式进行。

内部评价：由高职院校自行组织开展，主要针对高职院校内部进行评价和反思，帮助发现问题并及时加以改进。

外部评价：由国家教育主管部门或评价机构组织开展，主要是对高职院校的教学质量、学生评价、就业情况等方面进行评价。

认证评价：由权威机构对高职院校进行认证评价，主要是对高职院校的

各个方面进行全面的评价，包括教学质量、师资队伍、设施设备等方面，认证评价合格的高职院校可以获得认证证书，提升学校的知名度和影响力。

（一）高职人才培养质量评价与认证的背景和意义

高职教育是高等教育的重要组成部分，其培养的人才是国家经济发展和社会进步的中坚力量。随着高职教育规模的扩大和质量的提高，如何对高职人才培养质量进行评价和认证成为当今高职教育领域中的重要问题。

评价和认证高职人才培养质量的背景是多方面的。国家对高职教育的质量有着越来越高的要求，要求高职院校能够培养具有实际工作能力、适应现代化生产和服务的高素质技能型人才。高职院校面临着来自社会和用人单位的压力，要求高职院校提高人才培养的质量，使其毕业生更好地适应社会的需要。同时，高职院校也需要以此来推动内部教学和管理的改进，提高自身的办学水平。

因此，对高职人才培养质量进行评价和认证，对于促进高职教育质量的提高、推动高职教育与社会需求的对接、加强高职教育内部管理等方面都具有重要意义。

（二）基于 1＋X 证书制度的高职人才培养质量评价与认证的基本框架

随着中国高等教育的不断发展和改革，高职教育在人才培养方面的作用越来越受到重视。而基于 1＋X 证书制度的高职人才培养质量评价与认证是当前的一个热点话题。1＋X 证书制度是指，在高职教育中，学生在获得毕业证书的同时，还可以获得与其所学专业相关的职业技能证书，即 1 个毕业证书＋X 个职业技能证书，其中 X 代表可获得的职业技能证书数量。这种制度的出现，旨在提高高职教育对社会的适应性和对学生就业的帮助，同时也为高职教育的质量评价和认证提供了新的思路和框架。

基于 1＋X 证书制度的高职人才培养质量评价与认证的基本框架，应该由以下几个方面构成。

标准和指标体系：制定和完善高职教育的质量标准和指标体系，明确高职教育质量的评价内容和标准，包括毕业生的职业素养、实际操作能力、创新能力等方面。

职业技能证书认证体系：根据 1＋X 证书制度的理念，建立职业技能证书认证体系，明确职业技能证书的种类和认证标准，加强对职业技能证书的监管和管理，确保证书的真实有效。

教学质量评价体系：建立教学质量评价体系，对高职教育的教学过程进行监测和评价，评估教师的教学质量和教学效果，及时调整和优化课程设置和教学方法，提高教学质量和教学效果。

学生评价和社会认可体系：建立学生评价和社会认可体系，了解学生对教育教学的反馈和需求，同时加强与用人单位和行业协会的联系和合作，增强高职毕业生的就业竞争力和市场认可度。

质量保障机制：建立质量保障机制，包括内部质量监控和外部评估等方面，确保高职教育质量的持续改进和提高。

二、高职人才培养质量评价与认证的主要内容

（一）学校办学条件和师资力量评价与认证

高职人才培养学校的办学条件和师资力量是保障高质量人才培养的重要因素。因此，在高职人才培养质量评价与认证中，评价和认证学校的办学条件和师资力量是必不可少的环节。

在学校办学条件评价和认证方面，需要考虑学校的物质设施、实验室、图书馆等资源的配备情况，以及学校与社会的合作与交流、学生社团等活动组织情况等。评价和认证的目的是为了确保学校提供给学生的教育环境和学习资源能够满足高职人才培养的要求。

在师资力量评价和认证方面，需要评估学校的教师队伍的数量、结构、素质和能力等方面。这包括教师的教育背景、工作经验、专业知识和技能、

教学效果等方面。评价和认证的目的是为了确保学校拥有足够的教师队伍和教学资源来保证高质量的人才培养。

评价和认证学校的办学条件和师资力量需要采取多种评价方法，如对学校的物质设施、师资力量、教学质量进行定量评估和定性评价。可以采用问卷调查、专家评审等方式进行评价，同时还需要对评价结果进行综合分析和判断，得出评价结论并提出改进意见。

总之，高职人才培养学校的办学条件和师资力量评价和认证是保障高质量人才培养的重要保证。在实施评价和认证的过程中，需要采用科学、公正、客观、全面的评价方法和标准，确保评价结果的真实性和可靠性。同时，评价和认证的结果还应该为学校提供改进的方向和建议，促进高职人才培养的不断发展和提高。

（二）课程设计和教学质量评价与认证

高职人才培养课程设计和教学质量评价与认证是高职人才培养质量评价与认证的重要内容之一。在评价与认证过程中，要从课程设计和教学质量两个方面对高职人才培养进行评价与认证。

高职人才培养课程设计评价与认证主要涉及以下几个方面。

课程体系的完整性和适应性

评价高职人才培养课程体系时，需要评估其是否具备完整性和适应性。完整性主要指高职人才培养课程体系是否覆盖了所有必要的课程内容，以确保学生在毕业后具备所需的专业知识和技能。适应性主要指高职人才培养课程体系是否能够适应当前社会和经济发展的需要，以确保学生毕业后能够适应实际工作需求。

课程设置的针对性和实用性

评价高职人才培养课程设置时，需要评估其是否具有针对性和实用性。针对性主要指高职人才培养课程设置是否能够针对专业需求，确保学生在毕业后具备相关的专业技能和知识。实用性主要指高职人才培养课程设置是否与实际工作需求相符，以确保学生毕业后能够应对实际工作需求。

课程教材的合理性和时效性

评价高职人才培养课程教材时，需要评估其是否具有合理性和时效性。合理性主要指高职人才培养课程教材是否符合教学大纲和专业要求，以确保学生在学习过程中能够掌握必要的知识和技能。时效性主要指高职人才培养课程教材是否与当前社会和经济发展的需要相符，以确保学生毕业后能够适应实际工作需求。

在教学质量评价与认证方面，需要关注以下几个方面。

教学效果：需要通过对学生的学习成绩、毕业生的就业情况，以及社会评价等方面进行评价，来反映教学的实际效果。

教学资源：需要对教学设备、教材、教师队伍，以及教学管理等方面进行评价，以保证教学资源的充足和优质。

教学管理：需要对教学管理的制度、流程，以及执行情况等进行评价，以保证教学管理的规范化和有效性。

在评价与认证的过程中，可以采用多种方法，如学生评价、专家评审、校内评估、社会评价等方式，来收集和分析数据，得出客观的评价结论。同时，为了确保评价与认证的公正性和可信度，需要建立完善的评价与认证机制，明确评价标准和流程，并进行相应的监督和管理。

总之，高职人才培养课程设计和教学质量评价与认证是高职人才培养质量保障体系的重要组成部分。

（三）实习和实践环节质量评价与认证

高职人才培养实习和实践环节是高职教育的重要组成部分，是学生获得实际操作经验和职业技能的重要途径。能够让学生在实践中加深对理论知识的理解和应用能力的提升。因此，实习和实践环节的质量评价和认证也是高职人才培养质量保障体系中不可或缺的一部分。

实习和实践环节的质量评价应该具备以下几个方面的内容。

实践教学计划的评价：实践教学计划是实习和实践环节的重要依据，需要评价实践教学计划的可行性和实用性，评价是否能够有效地促进学生的学习和能力提升。

实习和实践环节的组织与管理评价：评价实习和实践环节的组织与管理是否严谨有效，包括实习和实践环节的安排、指导和监管等。

实践教学过程的评价：评价实践教学过程中是否能够充分发挥学生的实践能力和学习兴趣，是否具备充分的挑战和互动，同时需要评价实践教学过程的实用性和实效性。

实践教学成果的评价：评价学生在实践教学中所取得的成果，包括学生能够掌握的专业技能和实践经验、解决问题的能力和综合素质的提升等。

实习和实践环节的认证，一般是由高职院校和相关行业主管部门共同组织，对学生的实习和实践情况进行评估和认证。主要包括以下方面。

实习和实践计划的制定和实施情况：主要考察高职院校是否根据学生的专业特点和职业需求制定实习和实践计划，并能够有效地组织实施。

实习和实践环节的教学管理情况：主要考察高职院校对实习和实践环节的教学管理是否严格，是否能够有效地保障学生的安全和权益。

实习和实践环节的教学质量情况：主要考查学生在实习和实践环节中是否能够有效地掌握所学知识和技能，是否能够应用所学知识解决实际问题，是否能够胜任相关职业。

实习和实践环节的社会效益：主要考查学生在实习和实践环节中是否能够为社会做出贡献，是否能够为相关行业发展做出贡献。

通过实习和实践环节的认证，可以有效地推动高职院校实习和实践教学的改进和创新，提高教学质量和教学效果，为学生的职业发展提供有力的保障。

（四）学生综合素质评价与认证

设计评价体系：综合素质评价需要建立多元化、科学化的评价体系，包括能力、知识、素质等多方面指标。可以借鉴国内外先进的评价理念和方法，设计科学合理的评价指标和评价方式。

强化课程和实践教学的综合性：高职教育应该注重课程和实践教学的综

合性，鼓励学生进行跨学科、跨专业的学习和实践。通过综合性课程设计和实践教学的开展，培养学生的综合素质，为评价和认证奠定基础。

建立学生档案：学校可以建立学生档案，记录学生的学习成绩、获得的荣誉、参加的活动等信息。学生档案是对学生学业和综合素质的全面记录，是评价和认证的重要依据。

进行综合测评：学校可以通过定期组织综合测评，对学生进行能力、知识和素质等多方面的考察。综合测评可以通过考试、作业、实验、论文、口试、面试等方式进行，综合考查学生的各个方面素质，为评价和认证提供客观数据。

引入第三方评价机构：学校可以引入第三方评价机构，对学生的综合素质进行评价和认证。第三方评价机构具有独立性和客观性，可以为学生提供权威的评价和认证服务。

在评价和认证的基础上，学校可以为学生颁发相应的证书或荣誉称号，如"优秀毕业生""综合素质优秀学生"等，进一步激励学生学习和提高自身综合素质。同时，学校也可以将学生的综合素质评价和认证纳入到学生毕业设计或论文的要求中，推动学生在综合素质方面的提高。

（五）1+X证书取得情况评价与认证

1+X证书取得情况评价与认证，是对高职学生在校期间通过1+X证书考试获得证书的数量、种类、水平等情况进行评价和认证的过程。这一评价与认证的目的是通过评估高职学生1+X证书取得情况，客观地反映高职学校在人才培养方面的质量水平，并进一步提高高职人才培养质量。

评价与认证的过程可以通过以下几个方面来进行。

数据统计与分析：对高职学生在校期间参加1+X证书考试情况进行数据统计和分析，包括获得证书的数量、种类、分布情况等，以及证书水平的分布和提升情况。

评价标准的制定：根据国家对1+X证书考试的要求和相关标准，结合高职学校的实际情况，制定符合本校特点的1+X证书取得情况评价标准。

评价方法的确定：确定符合本校实际情况的评价方法，包括问卷调查、学生档案资料审核、实地考查等多种方式，以多维度、多角度地评价高职学生1＋X证书取得情况。

评价结果的发布与认证：根据评价方法和评价标准，得出高职学生1＋X证书取得情况的评价结果，并进行认证。认证的结果可以用于向社会展示高职学校的人才培养质量水平，也可以用于高职学校的内部评价和提升。

需要注意的是，对高职学生1＋X证书取得情况的评价与认证应当充分考虑不同专业、不同层次、不同学生群体的差异性，不应一刀切，要因材施教。同时，评价与认证的过程应当透明公开，真实客观，确保其评价结果具有可信性和可比性。

三、高职人才培养质量评价与认证的实施路径

（一）确定高职人才培养质量评价与认证的具体标准和流程

确定高职人才培养质量评价与认证的具体标准和流程是保障高职人才培养质量的重要措施。具体标准和流程应当结合国家相关法规和标准、行业标准，以及高职学校的特点和实际情况进行制定和调整。

一般而言，高职人才培养质量评价与认证的具体标准和流程应包含以下几个方面。

确定评价与认证的范围：包括评价与认证的对象，即哪些专业、哪些层次的高职人才培养需要进行评价与认证，以及评价与认证的内容，即对哪些方面进行评价与认证。

确定评价与认证的标准：根据行业标准、国家标准、高职学校的实际情况等，确定评价与认证的标准，包括各项指标的要求和具体的评分标准。

设计评价与认证的流程：包括评价与认证的步骤、流程和所需时间等。一般而言，评价与认证的流程应包含申请、审核、评估、现场检查和审核意

见反馈等环节。

确定评价与认证的责任方：包括评价与认证的主体、责任人和评价与认证的监督机构等。

确定评价与认证的周期和频率：评价与认证的周期和频率应根据评价与认证的内容和标准，以及评价与认证对象的特点和实际情况等进行制定。

确定评价与认证的结果及使用方式：对评价与认证的结果进行分类、归档、公示和应用，包括对合格人员的认定、不合格人员的整改等。

以上几个方面都需要根据高职人才培养的实际情况进行具体的制定和调整，以保障高职人才培养的质量。同时，也需要注重评价与认证的结果的公开、透明和公正性，以便于不同高职学校之间的比较和学生及社会的监督。

（二）确定评价和认证的周期和频率

高职人才培养质量评价和认证的周期和频率应该根据具体情况来确定。一般来说，评价和认证的周期应该是一定的，可以根据评价和认证的内容和目的来确定。例如，对于学校的基本条件和师资力量的评价和认证，可以考虑每 5 年进行一次评价和认证；对于课程设计和教学质量的评价和认证，可以考虑 2～3 年进行一次评价和认证；对于实习和实践环节的评价和认证，可以考虑每年或每学期进行一次评价和认证。

频率则要视具体情况而定。如果在前一次评价和认证中发现了较多的问题，那么可以考虑加大评价和认证的频率，以便及时发现和解决问题。如果在前一次评价和认证中没有发现太多问题，那么可以适当减少评价和认证的频率，以节约资源和减轻工作负担。

同时，应该注意评价和认证的周期和频率要与学校的发展规划和目标相一致，以确保评价和认证的结果对学校的发展有积极的促进作用。

（三）评价和认证的具体实施方法和流程

评价和认证的具体实施方法和流程需要根据具体情况进行制定，一般包括以下步骤。

制定评价和认证标准：根据高职人才培养的特点和要求，确定评价和认证的标准，包括学校办学条件、师资力量、课程设计、教学质量、实习和实践环节、学生综合素质、1+X证书取得情况等方面。

确定评价和认证的周期和频率：根据实际情况，确定评价和认证的周期和频率，一般可以选择每几年进行一次，也可以根据需要进行不定期的评价和认证。

组织评价和认证：根据评价和认证标准，组织专家对高职人才培养质量进行评价和认证。评价和认证的组织机构可以是学校内部的评价和认证机构，也可以是外部专业机构。

评价和认证结果反馈：根据评价和认证的结果，及时反馈给学校和相关部门，明确存在的问题和改进方向，并制定具体的改进措施和计划。

改进和优化：根据评价和认证结果反馈的信息，及时对高职人才培养的各个环节进行改进和优化，不断提升培养质量。

需要注意的是，评价和认证是一个长期的过程，需要不断地进行监测和调整，以确保高职人才培养质量的持续改进和提高。

四、高职人才培养质量评价与认证的效果分析和优化

（一）高职人才培养质量评价与认证的效果分析方法

高职人才培养质量评价与认证的效果分析方法是评价和认证完成后，对其效果进行评估和分析的方法，以确定评价和认证的有效性和可行性。

高职人才培养质量评价与认证的效果分析方法包括以下几个方面。

1. 毕业生就业情况分析

高职学校的目标是为学生提供职业技能和职业素养，帮助他们获得就业机会。因此，毕业生就业情况是衡量高职人才培养质量的重要指标之一。可

以从就业率、就业结构、就业岗位、薪资待遇等方面进行分析，评估高职人才培养质量的效果。

2. 用人单位对高职毕业生的评价

用人单位是高职毕业生就业的主要渠道，也是高职人才培养质量的直接反映。可以通过对用人单位对高职毕业生的评价进行调查，评估高职人才培养质量的效果。包括对毕业生的职业技能、职业素养、工作态度、工作效率等方面的评价。

3. 学生满意度调查

学生是高职人才培养的受益者，他们对高职人才培养质量的满意度也是一种重要的评价指标。可以通过问卷调查等方式，了解学生对课程设置、教学质量、实习实践环节、师资力量、学校管理等方面的满意度，评估高职人才培养质量的效果。

4. 教学成果展示

教学成果展示是评估高职人才培养质量的另一种重要方式。学校可以组织学生参加各种职业技能竞赛、科技创新比赛、实践成果展等活动，展示学生在职业技能、创新创业、实践能力等方面的成果，评估高职人才培养质量的效果。

5. 校企合作成效分析

高职人才培养需要与用人单位和社会产生良好的合作关系。学校可以与企业合作开展实训基地建设、职业技能培训、创新创业项目等活动，评估高职人才培养质量的效果。

以上几种方法可以综合使用，评估高职人才培养质量的效果。评价结果可以为学校制定改进计划和提升教学质量提供参考。

（二）针对评价结果进行调整和优化

高职人才培养质量评价与认证是一个反馈和循环的过程，评价结果的质量与可靠性直接关系到后续的调整和优化效果。因此，及时、准确地针对评价结果进行调整和优化是非常必要的。

1. 评价结果的分析

高职人才培养质量评价结果的分析是调整和优化的基础。具体而言，评价结果的分析应当包括以下几个方面。

评价结果的准确性分析

评价结果的准确性是评价结果的第一要素。在评价结果中，应当对评价方法和评价指标的合理性进行分析，同时要对数据的可靠性和准确性进行检验，以确保评价结果的准确性。

评价结果的优劣比较分析

在分析评价结果的过程中，要将当前的评价结果与历史数据、同行业数据等进行比较分析，以了解当前高职人才培养质量的相对优劣程度，并为后续的调整和优化提供依据。

评价结果的问题分析

在评价结果的分析过程中，应当仔细检查评价结果中的问题，如存在培养目标与实际培养效果不符合等，这些问题需要进行深入分析，以找到解决问题的方法。

2. 调整和优化方法

优化课程设置

课程设置是高职人才培养质量的重要组成部分，课程设置不合理是导致高职人才培养质量下降的主要原因之一。因此，在评价结果分析的基础上，应当对课程设置进行优化，包括增加实践课程和实习环节、优化教学内容等。

提高教学质量

教学质量是高职人才培养质量的另一个重要方面，教师的教学能力和教学方法都对教学质量有着直接影响。因此，可以通过加强教师培训和引进高水平教师等方式来提高教学质量。

加强实践教学

实践教学是高职人才培养质量的重要保障，通过实践教学，学生可以更好地掌握所学知识和技能。因此，可以通过扩大实践教学的范围和提高实践教学的质量来调整和优化高职人才培养质量。

高职院校可以通过与企业、行业协会等合作，扩大实践教学的范围，为学生提供更多的实践机会。这包括开展校企合作项目、举办行业实践活动、组织参观实习等。通过这些实践活动，学生可以更好地了解行业发展情况、掌握最新技术、提高实际操作能力。

高职院校可以加强对实践教学的管理和评价，提高实践教学的质量。具体来说，可以通过建立实践教学管理制度、制定实践教学计划、组织实践教学督导和评估等方式来实现。同时，高职院校也可以探索采用先进的技术手段，如虚拟实验室、仿真实训等方式，提高实践教学的效果。

此外，高职院校还可以通过加强师资队伍建设来提高实践教学质量。这包括招聘具有丰富实践经验的教师、开展教师实践培训、建立实践教学师资储备等。通过这些措施，可以不断提高实践教学的水平，从而进一步优化高职人才培养质量。

（三）持续提升高职人才培养质量评价与认证的水平

持续提升高职人才培养质量评价与认证的水平是高职教育发展的重要方向之一，可以从以下几个方面展开。

完善评价体系：建立适合高职教育的评价指标体系，包括学校办学条件、师资力量、课程设计、教学质量、实践教学、学生综合素质等多个方面。同时，注重评价指标的科学性、客观性和实用性。

提升评价技术：采用多种评价技术，包括问卷调查、实地考查、专家评审、统计分析等方法，从不同角度全面了解高职人才培养质量情况，确保评价结果的准确性和客观性。

强化质量认证：积极参与国家和地方的高职教育质量认证，借鉴国际认证经验和标准，不断提高高职教育的质量水平。同时，建立学校内部的质量认证机制，对学校内部进行评价和监督，加强内部管理和提高教育教学质量。

加强信息化建设：通过信息化手段，建立高职人才培养质量评价与认证的信息化平台，实现信息化数据的收集、分析和管理，提高评价和认证的效率和准确性。同时，加强信息公开和共享，让学生、家长和社会了解高职教育的质量情况。

推广经验做法：在高职教育中，不断总结和推广优秀的教育教学经验和做法，促进教育教学改革和创新，提高教育教学质量。

总之，持续提升高职人才培养质量评价与认证的水平，是高职教育质量提升的必要手段，需要各方共同努力，加强合作与协作，实现高职教育的可持续发展。

第三节　高职人才培养质量提升与改进

一、高职人才培养质量现状分析

（一）高职人才培养存在的问题

高职人才培养在实践中存在以下问题。

课程设置与实际需求不符：由于一些高职学校课程设置缺乏实际需求和市场导向，缺少与行业和企业合作的实践性课程，导致学生学到的知识与实际用工市场需求不相符合。

师资力量不足：一些高职学校师资力量欠缺，导致一些课程难以得到有效的教学和指导，影响了学生的学习效果和实践能力的培养。

实践环节不足：高职教育注重实践教学，但是实践教学环节在某些学校中存在不足，导致学生在实际工作中的应用能力不足。

评价体系不完善：高职教育评价体系相对简单，难以全面反映学生的学习能力和实践能力，也难以为学生提供更好的职业发展方向和引导。

就业培训不足：一些高职学校就业培训不够完善，难以为学生提供实用的就业技能和实践经验，也不能满足用人单位对人才的需求。

这些问题在高职教育中存在已久，需要学校和相关部门一起努力解决。

针对这些问题，可以采取以下措施。

加强与行业和企业的合作，开发实践性课程，推动课程设置与市场需求接轨。

提高师资力量，加强教师培训和聘用，提高教学质量和实践能力。

加强实践教学环节，提高学生的实践能力和应用能力，通过实践教学加深学生对专业知识的理解和应用。

完善评价体系，建立科学合理的评价指标和评价体系，全面反映学生的学习能力和实践能力，为学生提供更好的职业发展方向和引导。

加强就业培训，为学生提供实用的就业技能和实践经验，满足用人单位对人才的需求，提高学生就业竞争力。

（二）高职人才培养质量的挑战

高职人才培养质量面临着一系列的挑战，主要包括以下几个方面。

教学体系不完善：高职教育相对于普通本科教育而言，较为注重实践能力的培养，但在教学内容和教学方法上仍有不足。例如，一些高职教育的课程设置较为单一、缺少与时俱进的内容等，需要进行更为系统和综合的改革。

师资力量不足：高职教育的教师队伍相对不足，且部分教师专业背景与所教授的学科不符，对高职人才培养的质量产生了一定的影响。需要加强对高职教师的培训和聘任，提高他们的教学水平。

实践教学环节难以满足需求：实践教学是高职人才培养质量的重要保障，但在一些地方和学校，由于实践教学场地、设备和资源不足等问题，实践教学难以顺利进行。需要加大对实践教学的投入，完善实践教学基础设施和资源。

学生自身素质不足：部分高职学生的自我学习能力、综合素质和创新能力等方面存在不足，影响了他们的学习效果和就业能力。需要通过培养计划和课程设置等方式，提高学生自我学习和创新能力。

人才培养与用人需求不匹配：高职人才培养机构和用人单位之间存在着信息不对称、需求不匹配等问题，导致一些高职毕业生就业难。需要加强高职人才培养机构和用人单位之间的沟通和联系，增加就业指导和服务，提高毕业生就业质量。

评价标准不够科学、客观：高职人才培养的评价标准存在不够科学、客观的问题，评价结果可能不够准确。需要通过加强评价标准和流程的科学性和客观性，提高评价结果的准确性和可信度。

二、高职人才培养质量提升的策略

（一）建立以学生为中心的教学模式

高职人才培养建立以学生为中心的教学模式是当前教育教学改革的重要方向之一。这种模式以学生的个性化需求和学习能力为核心，将学生置于学习过程的中心地位，帮助学生主动掌握知识和技能，提高学习的积极性和主动性。

具体来说，以学生为中心的教学模式应该包括以下方面。

1. 关注学生个性化需求

学生在学习过程中有不同的需求和兴趣，教学模式应该根据不同学生的需求进行差异化教学，为学生提供更加个性化的学习体验。

2. 以问题为导向的学习

以学生为中心的教学模式强调以问题为导向的学习，这有助于学生将所学知识和技能应用到实际生活中解决问题。

3. 开展多样化的教学活动

多样化的教学活动可以帮助学生更好地理解和掌握知识和技能。例如，利用案例分析、小组讨论等方式来进行教学活动，增加学生与教师之间的互动和合作。

4. 强调评价和反馈

以学生为中心的教学模式强调教师对学生的评价和反馈，帮助学生认识自己的优势和不足，促进学生的自我成长和发展。

总之，以学生为中心的教学模式在高职人才培养中的实施可以帮助学生更好地掌握所学知识和技能，提高学习的积极性和主动性，增强学生的自主学习能力和终身学习能力。同时，教师也需要从教学角度出发，注重掌握学生的个性化需求和学习能力，灵活调整教学方式和教学方法，更好地满足学生的学习需求。

（二）加强实践教学环节的设计与实施

高职人才培养加强实践教学环节的设计与实施是当前高职教育面临的重要问题之一。实践教学是高职教育中的重要组成部分，是将学生所学理论知识与实践技能相结合的重要环节，对学生职业发展具有重要意义。然而，当前高职教育中实践教学环节的设计与实施存在不少问题。

实践教学的课程设置和实施缺乏系统性和针对性。一些高职院校的实践教学课程设计和实施缺乏前瞻性和针对性，缺乏对当前行业和市场需求的深刻理解和把握，导致实践教学与实际需求脱节。

实践教学环节的师资力量和教学设备有待提升。一些高职院校的实践教学设备陈旧，技术水平落后，无法满足当前市场需求的技能要求，同时，实践教学师资队伍建设也需要进一步加强，对实践教学的理解和掌握程度有待提高。

实践教学中存在的教学质量管理问题也值得关注。一些高职院校的实践教学中缺乏有效的质量管理机制和监控手段，对于学生的实践教学成果的评估也存在不足，无法全面准确地反映学生的实际水平。

为加强实践教学环节的设计与实施，可以采取以下措施。

与企业合作：高职学校可以与相关企业合作，让学生在企业实践中学习，亲身体验行业的需求和应用，提高学生的实践能力和实际操作能力。

建立实践教学基地：高职学校可以建立实践教学基地，为学生提供更好的实践环境和实践机会。同时，可以与企业合作，将实践教学基地建立在企业内部，让学生在真实的工作场景中进行实践。

创新实践教学方式：高职学校可以探索和实践新的实践教学方式，如仿真实验、虚拟实验、在线实验等，让学生在更加安全、便捷、实用的环境中进行实践，提高学生的实践操作技能。

加强实践教学质量监控：高职学校应该加强对实践教学环节的质量监控，及时发现和解决实践教学中存在的问题，确保学生在实践教学中获得充分的培养和提升。

综上所述，加强实践教学环节的设计与实施，可以提高高职人才培养质量，更好地满足社会对高技能人才的需求。

（三）强化教师培训和评价机制

高职人才培养需要教师拥有更加专业化和实践经验丰富的知识和技能，以应对复杂的职业需求。因此，建立有效的教师培训和评价机制，是提高高职人才培养质量的重要保障。

教师培训机制应该与高职人才培养质量评价标准和认证流程紧密结合。教师培训应该以提高学生综合素质和职业技能为核心目标，培养教师的职业素养和教育教学能力，为学生提供更好的教学服务。同时，教师培训应该及时更新和调整，以适应职业教育不断变化的需求。

评价机制应该包括对教师教学质量的全面评估。教师教学质量的评估应该从教学效果、课程设计、教学方法、实践教学等方面进行评价，并与高职人才培养质量评价标准和认证流程紧密结合，促进教师教学水平的不断提高。

还应该加强教师团队建设，营造良好的教学氛围。通过定期开展教师交流、教学研究和教学改进等活动，促进教师相互学习和借鉴，不断提高整个教师团队的教学水平和职业素养。

总之，建立有效的教师培训和评价机制，可以促进高职人才培养质量的提高，为培养高素质、应用型的职业人才提供重要保障。

（四）推动与产业融合，提高就业竞争力

高职人才培养应该与产业融合，将人才培养与产业需求紧密结合，以提

高学生的就业竞争力。这一点可以通过以下方式来实现。

加强与企业合作：高职院校应该积极与企业建立合作关系，与企业联合开展课程设计、实践教学、科研等各个方面的合作，将实践与理论相结合，为学生提供更加实用的技能和经验。

根据市场需求设置专业和课程：高职院校应该针对市场需求和产业发展趋势来设置专业和课程，使学生所学的知识和技能与当前市场需求相符合，提高学生的就业竞争力。

培养创新创业意识：高职院校应该通过创新创业教育，培养学生的创新精神和创业意识，引导学生发掘市场机会，将所学知识和技能应用于实践中。

建立就业服务平台：高职院校应该建立健全的就业服务平台，为学生提供就业指导、招聘信息和实习机会等服务，帮助学生顺利地进入职场。

开展产教融合研究：高职院校应该开展产教融合研究，探索更加有效的产教融合模式和实践教学方法，不断提高高职人才培养质量，为产业发展提供人才支撑。

三、高职人才培养质量改进的措施

（一）优化课程体系和教学内容

随着社会经济的快速发展和技术的日新月异，高职人才培养也需要不断地进行优化和改进，以适应社会和市场的需求。其中，优化课程体系和教学内容是重要的方面。

1. 优化课程体系

高职课程体系应该紧跟产业需求，贴近实际应用场景，打造具有实践性的专业人才。在优化课程体系时，可以从以下几个方面进行考虑。

课程设置：合理设计课程的基础、专业和选修课程，以适应社会和市场的需求。课程设置应该围绕行业标准和职业能力要求进行设计，重点突出实践和技能培养。

课程内容：在课程内容方面，应该注重培养学生的实践能力和创新能力，强调实践和理论相结合的教学方式，让学生能够掌握实际应用所需的知识和技能。同时，课程内容也应该符合行业标准和职业能力要求，让学生具备就业竞争力。

课程质量评价：对于课程质量的评价应该更加注重学生的实践能力和职业素养，而不是只关注学生的理论成绩。通过评价可以及时发现课程的不足和问题，进一步优化课程体系。

2. 优化教学内容

高职人才培养优化教学内容，是提高教学质量和学生综合素质的重要途径之一。下面从以下几个方面进行深入讨论。

实践性教学内容的增加

高职院校注重学生的实践能力培养，因此应加强实践性教学内容的设置和增加。针对不同专业，可以通过增加实践操作环节、开设实践课程、设置实践实习等方式，让学生更好地掌握所学知识和技能。

融合前沿科技的教学内容

高职院校应注重教学内容与前沿科技的融合，及时更新教学内容，引入新兴技术和理念，培养学生的科技创新能力。同时，为了让学生更好地适应未来的职业发展，还应关注国内外最新发展趋势，及时调整教学内容。

强化实践与理论相结合的教学模式

理论和实践相结合是高职人才培养的基本要求，教学内容也应强化这一模式。在教学过程中，应将理论知识与实践操作结合起来，让学生在实践中理解和掌握所学知识，同时也能让学生更好地应对实际工作中的挑战。

注重学科交叉和综合性教学内容

随着社会和经济的发展，各学科之间的交叉和融合越来越明显。高职人才培养也应注重学科交叉和综合性教学内容的设置，提高学生的学科交叉能力和综合素质。例如，在机械制造专业中增加电子信息技术、自动化控制等方面的课程内容，以拓展学生的知识面。

教学内容的个性化和定制化

学生的兴趣爱好和职业规划有差异，高职院校应充分考虑到学生的个性化和定制化需求，在教学内容设置上做到灵活多样。例如，在实践教学环节中，学生可以选择不同的方向和项目，根据自身兴趣和职业规划进行学习和实践。

（二）创新教学方法，提升教学效果

高职人才培养的目的是培养具有实践能力、职业素养和创新精神的应用型人才，而教学方法的选择和运用对于高职人才的培养至关重要。传统的教学方法往往缺乏趣味性和针对性，无法满足学生的学习需求，而创新的教学方法则可以激发学生的学习兴趣和积极性，提高教学效果。

1. 探究性学习

探究性学习是一种基于学生自主探究和发现的教学方法。它强调学生在学习过程中的主动性和独立思考能力，通过解决实际问题、开展实验和研究等方式，引导学生自己发现和探索问题的答案。这种教学方法可以激发学生的学习兴趣，培养他们的创新思维和解决问题的能力。

2. 案例教学

案例教学是通过分析真实案例来教授知识和技能的一种教学方法。它可以将抽象的理论知识与实际应用场景相结合，帮助学生更好地理解和掌握所学内容。同时，通过案例分析和讨论，学生还可以锻炼自己的分析和判断能力，提高自己的实践应用能力。

3. 合作学习

合作学习是一种以学生之间的合作和互助为基础的教学方法。它可以帮助学生培养团队协作和沟通能力，提高学生的自主学习和自我管理能力。通过小组合作、讨论和交流，学生可以共同解决问题，互相帮助和学习。

4. 游戏化学习

游戏化学习是一种将游戏元素融入到教学中的教学方法。它可以将枯燥乏味的学习过程变得有趣和具有挑战性，激发学生的学习兴趣。通过游戏化学习，学生可以在轻松愉悦的氛围中学习知识和技能，同时也可以培养自己的思维能力和创新精神。以上几种教学方法都可以帮助高职学生更好地学习和掌握知识和技能。

（三）完善实习基地建设，提高实践教学质量

高职人才培养的核心目标之一是培养学生的实践能力和职业素养，而实习基地是实践教学的重要载体。因此，建设高质量的实习基地对于提高实践教学质量、增强学生职业能力和竞争力至关重要。

为了实现这一目标，可以从以下几个方面入手。

1. 加强与实习基地的合作关系。高职院校应积极与相关产业企业建立联系，探索合作方式，扩大实习基地的数量和种类，以满足学生不同专业的实习需求。同时，高职院校也应该加强与实习基地的沟通，了解企业对于学生实习的期望和要求，以更好地为学生提供服务。

2. 完善实习基地的管理机制。高职院校应该建立实习基地的评估机制，对实习基地进行评估和认证，并对评估结果进行反馈。同时，建立实习基地的管理规章制度，明确实习基地的职责和学生的权利，提高实习基地的管理水平。

3. 加强实习基地的设施建设。高职院校应该积极协调实习基地，提供必要的设施和资源，以保障学生的实习质量和安全。例如，建立实验室、模拟工厂等实习场所，提供实习所需的设备和材料。

4. 加强实习基地的师资队伍建设。高职院校应该注重实习基地师资队伍建设，推动实习基地教师的专业发展和培训，提高其教学水平和实践经验。

5. 加强对学生实习的指导和管理。高职院校应该建立完善的学生实习管理机制，制定详细的实习计划和目标，定期对学生的实习情况进行跟踪和评估，及时发现和解决实习中的问题，确保学生实习达到预期效果。

综上所述，加强实习基地建设是高职人才培养质量提升的关键环节之一，需要高职院校与实习基地共同努力，不断探索创新，以提高学生实践能力和职业素养，推动高职教育质量的不断提升。

（四）强化学生综合素质培养，提升综合素质水平

高职人才培养不仅要注重专业知识和技能的培养，也需要注重学生的综合素质培养。在实际操作中，可以采取以下措施。

设计全面的综合素质评价体系：建立全面、科学、系统的综合素质评价体系，包括智育、德育、体育、美育等方面，将综合素质培养贯穿于整个教学过程中，让学生在专业知识的同时，得到全面的发展。

加强课堂教学的综合素质培养：在课堂教学中，教师应该注重培养学生的综合素质，通过课堂讨论、案例分析、小组讨论等教学方法，鼓励学生独立思考、自主学习、团队合作等能力，提高学生的综合素质水平。

丰富校园文化活动：学校应该加强校园文化建设，丰富校园文化活动，为学生提供更多综合素质培养的机会。例如，举办文艺比赛、运动会、社团活动等，让学生在参与中得到锻炼和提高。

拓展社会实践的渠道：学校应该加强与企业、社会组织的联系，为学生提供更多的社会实践机会。通过实践活动，让学生接触真实的社会问题，提高综合素质水平。

建立个人档案，记录学生综合素质发展情况：学校应该建立完善的学生个人档案，记录学生在综合素质方面的发展情况，为学生的综合素质评价和毕业证书颁发提供依据。

综合素质培养是高职人才培养质量的重要方面，需要学校和教师、学生共同努力，才能取得良好的效果。

四、高职人才培养质量提升与改进的实施效果

（一）评估高职人才培养质量提升与改进的实施效果

把握高职人才培养质量提升与改进的实施效果，需要通过科学、全面、定量的评估体系来进行。

毕业生满意度调查：通过对毕业生进行问卷调查，了解他们对高职教育培养质量的满意度，进而评估高职人才培养的效果和改进方向。

用人单位满意度调查：对用人单位进行问卷调查，了解他们对高职毕业生的岗位适应能力和综合素质的满意度，进而评估高职人才培养的实际效果。

学生成绩分析：通过对学生的各门课程成绩进行分析，评估高职教育培养质量的水平，识别存在的问题，并针对性地进行改进。

专业认证评估：参照专业认证标准，对高职教育进行评估，确定教育质量是否符合相关标准，进而优化教育内容和教学方法。

课程评估：通过对每个课程的评估，了解学生对课程的掌握程度、教学效果以及教师的教学水平，发现教学中存在的问题并进行改进。

校企合作评估：评估高职学校与企业之间的合作情况和效果，确定是否实现了对应的教学目标，发现问题并优化合作模式和方式。

学生竞赛成绩评估：评估学生参与各种竞赛的成绩和表现，了解高职学生的实际技能水平和实践能力，识别存在的问题并进行改进。

以上方法可以相互结合，建立完整的高职人才培养质量评估体系，从多个角度全面评估高职人才培养的效果，为改进和提高高职人才培养质量提供有效的依据。

（二）发现问题，及时调整优化

高职人才培养是培养技术型、应用型专业人才的重要途径之一，但在实践中，也存在一些问题。及时调整和优化高职人才培养方案，有助于更好地适应社会和经济发展的需求。

高职人才培养中存在的问题是多方面的。例如，某些高职院校在招生时重视学生的高考成绩和学科竞赛成绩，忽略了学生的综合素质和实际能力；一些高职课程设置较为陈旧，未能及时跟进行业和技术的发展，导致毕业生面临就业难的局面；还有一些高职院校注重教授理论知识，忽略了实践操作能力的培养等。

调整和优化高职人才培养需要从多个方面入手。一方面，高职院校应该加强招生宣传，鼓励学生积极参加实践活动，注重学生的综合素质和实际能力的培养。另一方面，高职院校应该优化课程设置，及时更新和调整课程内容，紧密联系行业和技术的发展，使毕业生具备更加符合市场需求的专业技能。同时，还应该加强教学质量管理，通过开展教学评估和教学改革等活动，提升教学水平。

需要强调的是，调整和优化高职人才培养方案是一个长期的过程。高职院校需要不断地跟进行业和技术的发展，不断优化课程设置和教学质量管理，才能更好地培养出符合社会和经济发展需要的高素质人才。

总之，高职人才培养中存在的问题是多方面的，调整和优化需要从多个方面入手，是一个长期的过程。只有高职院校不断地跟进时代发展的步伐，才能更好地培养出符合社会和经济发展需要的高素质人才。

（三）提高毕业生就业竞争力，增强学校品牌影响力

毕业生就业竞争力和学校品牌影响力是紧密相关的。提高毕业生就业竞争力可以帮助毕业生更好地适应和融入社会，同时也会提高学校的声誉和影响力，吸引更多的优秀学生和教师。

以下是一些可以提高毕业生就业竞争力和增强学校品牌影响力的方法。

提供优质教育：为了让学生在职场竞争中脱颖而出，学校应该提供高质量的教育。这包括教授最新的技能和知识、提供实践经验和实习机会、鼓励学生参与研究项目和学术活动等。通过提供这些优质的教育资源，学校可以为毕业生创造更好的就业前景，并提高学校品牌的知名度和影响力。

建立良好的职业服务体系：学校应该建立完善的职业服务体系，为毕业生提供全方位的就业指导和支持。这包括职业咨询、简历编写、面试技巧培训等。同时，学校也可以与企业合作，为毕业生提供就业机会和实践经验，促进学生就业。

加强校企合作：学校可以积极与企业建立合作关系，为学生提供更多的实践机会和就业渠道。这可以帮助学生更好地了解职场需求和趋势，提高毕

业生的职业竞争力。同时，校企合作也可以为学校带来更多的资源和支持，提升学校品牌的知名度和影响力。

发展国际化教育：随着全球化进程的加速，越来越多的企业和组织需要具有国际视野和跨文化交流能力的员工。因此，学校可以通过推动国际化教育，为学生提供更广阔的视野和交流平台，增强学生的国际竞争力。同时，国际化教育也可以为学校带来更多的国际声誉和影响力。

总之，提高毕业生就业竞争力和增强学校品牌影响力是相辅相成的。学校应该注重提供高质量的教育、建立完善的职业服务体系、加强校企合作、推动国际化教育等方面的工作，以帮助学生更好地适应和融入职场，提高毕业生的就业竞争力，并提高学校品牌的知名度和影响力。同时，学校应该密切关注社会和市场的需求，不断调整和优化教育内容和方式，以确保学生具备符合市场需求的技能和能力。这样，学生才能更好地适应职场，学校也才能不断提高品牌的知名度和影响力，吸引更多的优秀学生和教师，进一步提升学校的教育质量和水平。

第五章

1+X 证书案例分析

第一节　某职业教育培训评价组织 1＋X 污水处理职业技能等级证书评价体系构建及应用

一、1＋X 污水处理工培训要求

（一）负责评价组织

为贯彻《国务院关于印发国家职业教育改革实施方案的通知》（国发〔2019〕4 号）和教育部等四部门印发《关于在院校实施"学历证书＋若干职业技能等级证书"制度试点方案》的通知（职教成〔2019〕6 号），2020年 1 月 22 日经教育部遴选，确定北京化育厚德咨询有限责任公司为第三批职业教育培训评价组织（教职所〔2020〕21 号），负责污水处理 1＋X 证书制度试点工作。

（二）评价要求和对象

在 1＋X 证书制度下，污水处理工的培训要求主要涉及两个方面：一是基本职业素养和技能，包括对污水处理工作原理、污水处理设备操作、化学试剂使用和安全防护等的基本知识和技能；二是针对不同水质和处理要求的实际操作技能，包括不同处理工艺、污水处理设备和处理化学试剂的选择和操作、问题处理和维护保养等。

针对污水处理工的培训评价对象主要包括两个方面：一是针对培训内容的理论考核，包括基础知识的掌握、污水处理工艺的了解和应用、化学试剂的使用和安全知识的掌握等；二是对实际操作技能的评价，包括对不同处理工艺的掌握、设备操作技能的熟练度、化学试剂的正确使用和现场问题的处理等。

此外，在实际的污水处理工培训中，还应当注重培养学员的责任心和团队协作能力，加强安全和环保意识，促进其全面发展。2022 年证书集中考核时间为 11—12 月，证书考核前院校须根据学生申报级别完成培训工作，校可通过校内整合、采购、校企合作等方式满足证书试点的设备要求。涉及的硬件及实训设备均不指定品牌，满足操作功能即可。院校需结合已配置的设备开展培训工作，证书培训过程要以安全为第一要务，确保教师、学生的人身和财产安全。

二、证书考核

（一）考核内容及成绩组成

污水处理职业技能等级证书考核内容包括理论知识和技能操作两个科目，污水处理职业技能等级证书见污水厂处理考核题库。

1. 理论知识

理论知识考核采用计算机考试形式，题型包括判断题、单项选择题和多项选择题，共计 100 题，满分 100 分，考核时间 70 分钟。

表 5-1　理论知识各题型题量占比

题型级别	初级	中级	高级
判断题	30%	30%	30%
单项选择题	70%	50%	40%
多项选择题	—	20%	30%

2. 技能操作

技能操作考核内容包括污水处理工艺仿真、实验室操作和安全操作三个项目，均采用百分制。

污水处理工艺仿真采用计算机考核形式，结合污水处理工艺知识，通过计算机操作，完成考核要求，考核时间 90 分钟。

实验室操作采用实际操作考核形式。可选择考核内容包括絮凝剂配制与优化、微生物镜检、水质分析、泵管阀操作。

安全操作采用实际（模拟）操作或 VR 操作考核形式。考核内容包括有限空间操作和心肺复苏操作，考核时间 20～30 分钟。

技能操作考核题目将会根据行业技术发展和对技能人才需求变化进行调整，2022 年技能操作考核题库现公布如下（见污水处理考核题库）。

（二）成绩要求

理论知识 60 分（含）以上为合格。

技能操作考核分为三个项目，安全操作未达到 80 分即表示成绩不合格；污水处理工艺仿真和实验室操作两个项目，单个项目成绩未达到 60 分，即表示成绩不及格。

（三）考核流程

证书考核工作采用线上流程化管理模式，院校使用职业技能等级证书信息管理服务平台完成申报考试计划、考生录入、考场编排、准考证打印等工作，向成绩合格考生颁发污水处理职业技能等级证书。

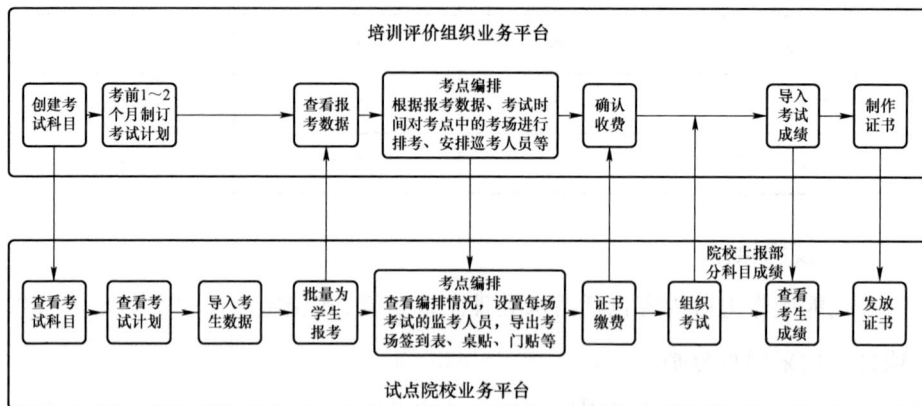

图 5-1　培训评价组织业务平台

（四）2022年污水处理证书考核题库

2022年污水处理证书考核题库如表5-2所示。

表 5-2　2022年污水处理证书考核题库

		初级技能	中级技能	高级技能
安全操作		受限空间个人防护穿戴（实物，不需要井设备）或危险源识别（VR系统）	受限空间作业（实物）或格栅的救援和处理（VR系统）	受限空间内人体转运（实物）或典型污水处理厂受限空间作业（VR系统）
		消防器材使用 心肺复苏	消防器材使用 心肺复苏	消防器材使用 心肺复苏
污水处理工艺仿真操作		初级技能（见污水厂处理考核题库）	中级技能（见污水厂处理考核题库）	高级技能（见污水厂处理考核题库）
实验室操作	絮凝剂制备	（见污水厂处理考核题库）	（见污水厂处理考核题库）	（见污水厂处理考核题库）
	微生物镜检	（见污水厂处理考核题库）	（见污水厂处理考核题库）	（见污水厂处理考核题库）
	水质分析	（见污水厂处理考核题库）	（见污水厂处理考核题库）	（见污水厂处理考核题库）

三、工作机制

（一）人事制度

为保证证书高效、高质实施，设有专家委员会指导证书培训考核工作，并由技术主管张晨光、考务主管刘慧聪负责证书的运行和实施。

各试点院校须向我公司报备证书负责人1名；证书联系人1名；考务管理人员1名；专、兼职培训教师至少5名（企业专家至少一人，并参加授课和鉴定）；专、兼职考评教师至少5名（其中至少一名企业专家；可同时兼任培训教师）；专、兼职监考人员（根据考生人数设置，比例要求为1:20）；证书督导人员1~2名（可由证书负责人兼任）。

证书负责人应能充分调动资源，做好培训、实操与考核等条件保障；证书联系人要如实反映计划执行过程中的经验和存在问题，特别是在执行计划中遇到的困难，并能定期参加工作讨论；考务管理人员应能完成考务管理工作，使用职业技能等级证书信息管理服务平台，进行信息汇总、考试计划申报、考生信息汇总上报、考场管理、缴费管理、排考管理、成绩上报等工作；培训教师应能结合院校设备和培训教材完成一个或多个级别证书培训工作；考评教师应能根据院校设备、评分记录表和考核方案完成一个或多个级别证书考核工作；监考人员应能完成考场纪律维护工作。

（二）档案制度

在证书培训考核过程中，试点院校要严格执行证书考核程序，填写相关表格（附件3），同步建立纸质档案和电子档案，纸质档案除应包含附件3表格外，还应至少保存考生试卷、评分记录表、考场签到表。纸质材料最短保存期限为3年，过期可销毁纸质版材料，长期保留电子档案。

（三）质量问责机制

为了加强证书考核管理工作，确保证书考核的质量，我司将制定并实施证书质量问责机制（见后续实施细则）。

四、污水处理考核题库

（一）污水处理工艺技能考核题库

根据污水处理职业技能等级标准，制定污水处理工艺仿真操作考试题库。考试前随机生成若干套试题，抽取1套作为考核内容。

表5-3　初级操作考核题库

序号	项目	单元	工况名称	题库
1	操作准备	安全操作准备	劳动防护用品穿戴	2选1
2			安全警示标志识读	
3		工艺操作准备	UASB工艺流程框图	10选1
4			AAO工艺流程框图	
5			SBR工艺流程框图	
6			AB工艺流程框图	
7			传统活性污泥工艺流程框图	
8			UASB工艺流程主要处理污染物	
9			AAO工艺流程主要处理污染物	
10			SBR工艺流程主要处理污染物	
11			AB工艺流程主要处理污染物	
12			传统活性污泥工艺流程主要处理污染物	
1	运行与监控	生产巡视	设备运行巡视	2选1
2			工艺参数巡视	

序号	项目	单元	工况名称	题库
3	运行与监控	设备开、停车操作	粗格栅开车	4选1
4			鼓风机房开车	
5			气浮池开车	
6			离心泵冷态开车	
7			粗格栅停车	4选1
8			鼓风机房停车	
9			气浮池停车	
10			离心泵正常停车	
1	故障判断与处理	UASB	离心泵坏	14选2
2			调节池运行异常发现	
3			UASB 配水异常发现	
4			UASB 温度异常发现	
5			UASB 出水指标异常发现	
6		AAO	来水 pH 异常发现	
7			生化池回流异常发现	
8			生化池曝气异常发现	
9		SBR	气浮池运行异常发现	
10			SBR 池运行异常发现	
11		AB	调节池运行异常发现	
12			中沉池运行异常发现	
13		传统活性污泥	格栅运行异常发现	
14			消化池运行异常发现	
1	设备维护与保养	常规设备维护	法兰紧固	3选1
2			格栅清理	
3			管道支撑架更换	

表 5-4　中级操作考核题库

序号	项目	单元	工况名称	题库
1	操作准备	安全操作准备	劳动防护用品选用	2 选 1
2			受限空间防护用品选用	
3		工艺操作准备	UASB 工艺流程简图	10 选 1
4			AAO 工艺流程简图	
5			SBR 工艺流程简图	
6			AB 工艺流程简图	
7			传统活性污泥工艺流程简图	
8			带控制点的 UASB 工艺流程图纠错	
9			带控制点的 AAO 工艺流程图纠错	
10			带控制点的 SBR 工艺流程图纠错	
11			带控制点的 AB 工艺流程图纠错	
12			带控制点的传统活性污泥工艺流程图纠错	
1	运行与监控	生产巡视	工艺达标巡视	1 选 1
2		工艺开、停车	AAO 工艺开车	5 选 1
3			AB 工艺开车	
4			传统活性污泥工艺开车	
5			氧化沟工艺开车	
6			AO 工艺开车	
7			AAO 工艺停车	5 选 1
8			AB 工艺停车	
9			传统活性污泥工艺停车	
10			氧化沟工艺停车	
11			AO 工艺停车	
12		AAO	初沉池排泥撇渣	7 选 1
13			离心式脱水机更换	
14		AB	A、B 段污泥回流、排放操作	
15		氧化沟	二沉池排泥操作	

序号	项目	单元	工况名称	题库
16	运行与监控	活性炭过滤器	活性炭过滤器投用	
17			活性炭过滤器停用	
18			活性炭清洗	
1	故障判断与处理	UASB	来水 pH 异常	24 选 2
2			UASB 配水异常	
3		AAO	pH 过低	
4			pH 过高	
5		SBR	调节来水 pH	
6			出水油含量超标	
7			来水 SS 超标	
8		AB	调节风机流量	
9			二沉池污泥上浮	
10			回流污泥泵启动	
11			曝气沉砂池有机物含量偏高	
12			溶氧调节	
13		传统活性污泥	1 号浓缩池处螺旋杆泵故障	
14			3 号浓缩池刮泥机故障	
15			1 号一级消化池搅拌机故障	
16			2 号一级消化池换热器故障	
17			1 号压滤机皮带打滑	
18			二沉池污泥上浮	
19		氧化沟	转刷故障操作	
20			来水 SS 偏高	
21			处理负荷增大	
22		AO	仪表故障	
23		离心泵	阀卡	
24			泵气缚	

续表

序号	项目	单元	工况名称	题库
1	设备维护与保养	中级常规设备维护	泵振动异常处置	6 选 1
2			砂水分离器管道堵塞处置	
3			格栅润滑保养	
4			风机检修	
5			格栅检修	
6			气浮池检查	

表 5-5　高级操作考核题库

序号	项目	单元	工况名称	题库
1	操作准备	工艺操作准备	UASB 反应器周边危险源识别	4 选 1
2			SBR 反应器周边危险源识别	
3			沉砂池周边危险源识别	
4			格栅池应急救援	
1	运行与监控	工艺开、停车	UASB 工艺开车	2 选 1
2			SBR 工艺开车	
3			UASB 工艺停车	2 选 1
4			SBR 工艺停车	
5		离子交换	离子交换系统投运	5 选 1
6			离子交换系统停运	
7			阴床阳床再生	
8			混床再生	
9			阳床树脂清洗	
10		膜处理	预处理系统启动	10 选 1
11			预处理系统反冲洗	
12			反渗透系统启动	
13			系统停机	
14			净水产量大增	

序号	项目	单元	工况名称	题库
15	运行与监控	UASB	带式脱水机开车操作	
16			UASB 初次启动	
17		SBR	选择 SBR 池设备开启顺序	
18			SBR 池排水排泥操作	
19		AO	化学清洗	
1	故障判断与处理	UASB	UASB 反应器温度异常	23 选 2
2			UASB 启动异常	
3		AAO	外回流异常	
4			内回流异常	
5			DO 过低	
6			处理水量太高	
7			DO 过高	
8		SBR	溶解氧不合格	
9			出水总磷超标	
10		AB	污泥浓度异常	
11			曝气池泡沫处理	
12			污泥异常问题	
13			出水 BOD 超标	
14		传统活性污泥	曝气池异常	
15			浓缩池异常	
16			2 号浓缩池进泥中水含量减少	
17			污泥脱水机效果差	
18		氧化沟	调节外沟溶氧	
19			调节内沟溶氧	
20			出水 COD 增高	
21			泡沫问题	

续表

序号	项目	单元	工况名称	题库
22	故障判断与处理	AO	好氧池污泥浓度过高	
23			总氮超标	
24		膜处理	进水余氯超标	
25			进入反渗透系统的压力过低	
1	设备维护与保养	常规设备维护	污水处理厂设备检修计划	2选1
2			二沉池设备检修计划	
3		纯水设备维护	保安过滤器滤芯更换	3选1
4			膜清洗	
5			阳床装填	

（二）污水处理实验室操作考核题库

试点院校根据学校现有条件，从实验室操作考核题库中选择考核题目。

表5-6　初级实验室技能考核题库

序	模块	实验名称	实验条件	题库
1	絮凝实验	沉淀剂种类对浊度去除率的影响	单因素3个以上条件变化	4选1
		沉淀剂浓度对浊度去除率的影响	单因素3个以上条件变化	
		搅拌速度对浊度去除率的影响	单因素3个以上条件变化	
		pH变化对浊度去除率的影响	单因素3个以上条件变化	
2	微生物镜检	原生动物的识别	识别出三种及以上	3选1
		原生动物种类识别（三类）	各识别出一种及以上	
		原生动物的识别	识别出三种及以上	
3	水质分析	水质酸（碱）度测定	指示剂法	3选1
		水质硬度测定	指示剂法	
		水质氯含量测定	指示剂法	

表 5-7 中级实验室技能考核题库

序	模块	实验名称	实验条件	题库
1	絮凝实验	条件变化对于浊度去除率的影响	单因素或正交实验	3选1
		芬顿氧化条件变化对色度去除率的影响	单因素或正交实验	
		芬顿氧化条件变化对聚合物去除率影响	单因素或正交实验	
2	微生物镜检	活性污泥微生物镜检	四种以上原生动物	
3	水质分析	高锰酸盐指数检测	滴定分析	3选1
		氨氮含量检测	分光光度分析	
		水质溶解氧测定（碘量法）	指示剂法	

表 5-8 高级实验室技能考核题库

序	模块	实验名称	实验条件	题库
1	絮凝实验	浊度去除率实验及残留酸度测定	正交实验及电位滴定	4选1
		浊度去除率实验及磷含量测定	正交实验及分光光度分析	
		色度去除率实验及色度测定	正交实验及分光光度分析	
		聚合物去除实验及 COD 测定	正交实验及回流滴分析	
2	微生物镜检	活性污泥微生物镜检	检三片	必须做
3	水质分析	硝酸盐氮含量检测	分光光度分析	3选1
		磷酸盐含量检测	分光光度分析	
		微量铁含量检测	分光光度分析	

第二节 某高校 1+X 证书制度下人才培养模式的构建及实践

（一）总思路

人才培养需结合各院校实际情况，以历届生为基础，以在校生、建筑类企业为研究对象，以岗位专业技能、工匠职业素养、证书技能等级标准、技能竞赛要求为切入点，构建课程与岗位、证书、竞赛三者融合的人才培养模式。

开展企业实地调研，了解建筑行业岗位更替和人才需求的现状，从调研中得出岗位及其匹配的知识、技能、素养。客观分析当前土建专业人才培养中存在的不足，结合调研结果探究"三融"人才培养模式，再通过交流测评，汲取企业、一线技术人员、兄弟院校的宝贵意见，初判可行性。院系联合合作企业、证书培训评价组织共同制订人才培养方案。

（二）课程体系

根据调研罗列出与岗位、证书、赛项直接相关的课程，形成课程体系。以《BIM 在项目管理中的应用》课为例，对应 BIM 技术员、施工员、装配式技术员、质量员、监理员等岗位，对应建筑信息模型（BIM）的中、高级证书，对应 BIM 应用技能大赛和 BIM 毕业设计大赛。这类直接指向证书、竞赛且匹配多个岗位的课程，在配置师资等资源时应予以倾斜，需打造一支"双师型"的工匠之师团队。当前，我国广大建筑企业主要需要四类 BIM 技术人才，即基本建模人员、复合技能人员、顾问级人才、BIM 科研人员，对应 1＋X 建筑信息模型（BIM）职业技能等级证书的初、中、高 3 个等级。以获取 BIM 中级证书为例，调整原来的课程安排，将《主体结构工程施工》《建设工程进度控制》《建筑工程计量与计价》等先修课程教学前置，帮助学生搭好知识框架，同时更新传统课程的教学计划与目标，将证书考核相关内容融入先修课程的教学和考核，开展多课程联合改革。

（三）师资保障

高职教育的师资主要由校内专任教师和校外兼职教师两部分组成，打造"双师型"的工匠之师团队，第一，要着力提高校内教师的业务水平。学校可以通过邀请 BIM 或装配式领域的一线技术人员或资深专家进校对教师进行集中培训、利用假期进行中短期的新技术专项培训、教师企业实践或挂职锻炼等形式；鼓励校内教师考取职业证书。第二，邀请企业专家兼职授课。按其工作时间调整学生实践教学的时间，在时间上给予校外专家便利。

教师除了日常教学外，还承担了育人、科研、社会服务等大量工作，在学生日常课外指导上往往精力不够，可以由已经获取技能等级证书的高年级学生组建助教团队。深入学生寝室手把手、点对点地辅导答疑，可给这部分学生一定激励政策。

（四）评价体系

1+X 评价体系需要将学历教育评价与职业技能等级评价充分融合，将技能等级考核评价模式融入日常的人才培养过程，将人才培养目标与职业技能培养要求结合起来，在过程性考核中重视实践技能的考核，构建第三方参与的多元化评价体系，不断完善评价反馈机制，引导学生主动学习，提高学习效率。可实行以证代考或以赛替考，从制度上完善课证赛融合。

第三方可邀请合作企业或证书组织评价机构担任，一方面可加强校企合作深度，让学生切实认识企业对人才和岗位任务的评价标准；另一方面由评价机构定期反馈学生 1+X 目标达成度，可实时模拟考证，使学生熟知技能等级标准。技能竞赛考核范围以真实工作岗位为依托，做好以上两方面，将极大提升学生的竞争力，改变以往为了竞赛突击培养个别学生的情况。

第三节　环境工程专业1＋X污水处理职业技能等级证书实践教学体系构建及应用

一、环境专业 1＋X 污水处理职业技能等级证书制度的背景和规格

（一）背景和意义

随着经济和社会的快速发展，环境保护和污水处理已成为全球面临的重大问题之一。在我国，尤其是随着"十三五"规划和《水污染防治行动计划》

的出台，污水处理行业将面临巨大的发展机遇。然而，结合环保产业链和岗位群的分析，行业发展中的人才短缺和技能不足，成为制约污水处理行业发展的主要瓶颈之一。

为了应对这一挑战，国家职业资格证书制度开始逐步推广和完善，污水处理职业技能等级证书作为其中的一个重要组成部分逐渐引起人们的关注。2018年，人力资源和社会保障部正式发布了《职业技能等级证书制度改革方案》，其中，提出了实施1＋X证书制度，即针对每个职业设置一张"职业资格证书"，再为各级人才培养提供多张"技能等级证书"，以提高人才的职业素养和实践能力，促进职业技能水平的提升。

基于以上分析，需要培养思想政治坚定、德技并修、全面发展，适应互联网＋生态环保行业需要，具有良好的创新创业意识和职业素养，熟悉环保法律法规体系文件和最新标准要求，掌握水、气、噪声、固废监测与治理等知识和技术技能，面向＊＊省内外环境监测与治理等企事业单位的复合型技术技能人才。

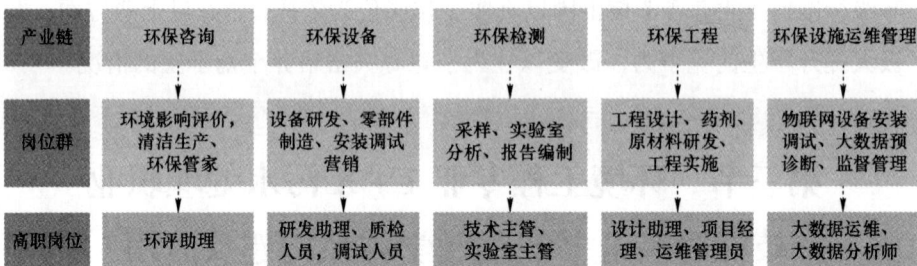

产业链	环保咨询	环保设备	环保检测	环保工程	环保设施运维管理
岗位群	环境影响评价、清洁生产、环保管家	设备研发、零部件制造、安装调试营销	采样、实验室分析、报告编制	工程设计、药剂、原材料研发、工程实施	物联网设备安装调试、大数据预诊断、监督管理
高职岗位	环评助理	研发助理、质检人员，调试人员	技术主管、实验室主管	设计助理、项目经理、运维管理员	大数据运维、大数据分析师

图5-2　环保产业链与岗位群

高职院校环境专业实施1＋X污水处理职业技能等级证书制度的重要意义如下。

1. 促进行业人才培养的精细化

通过1＋X证书制度，污水处理行业可以将职业技能等级证书与具体职业联系起来，为人才培养提供更为精细化的指导和管理。这种证书制度可以帮助企业和学校更好地确定人才培养的方向和目标，制定更加科学和有效的教学和培训计划，提高人才培养的效果。

2. 提升人才的职业素养和实践能力

污水处理职业技能等级证书制度强调职业素养和实践能力的培养，注重实践教学和实际操作，可以使人才在实践中不断提升技能水平，逐步成为行业内具有实践经验和技能的专业人才。这有利于提高行业的技术水平和质量，推动行业的持续发展。

3. 促进行业技能人才的流动和交流

污水处理职业技能等级证书制度的推广和应用，可以促进行业内技能人才的流动和交流。不同等级的证书可以为人才提供更广泛的就业和发展机会，同时也为行业内的企业和学校提供更多的人才资源，促进技能人才的交流和共享，进一步提升行业的整体技术水平和发展能力。

4. 推动职业资格证书制度的改革和完善

污水处理职业技能等级证书制度作为职业资格证书制度的重要组成部分，其推广和应用可以推动职业资格证书制度的改革和完善。在实践中，可以通过总结和评估证书制度的应用效果，不断优化和完善证书体系，提高证书的含金量和实用性，进一步促进职业人才的培养和发展。

污水处理职业技能等级证书制度作为职业资格证书制度的重要组成部分，具有促进行业人才培养精细化、提升人才职业素养和实践能力、促进行业技能人才流动和交流、推动职业资格证书制度改革和完善等重要意义，对于污水处理行业的健康发展具有重要的推动作用。

（二）环境专业 1+X 污水处理职业技能等级证书制度人才培养规格

1. 知识要求

掌握必备的思想政治理论、科学文化基础知识和中华优秀传统文化知识。

熟悉与本专业相关的法律法规以及环境保护、安全消防等知识。

掌握与本专业相关的数学、物理、化学等方面的基础知识。

掌握环境生态、工程制图、环境微生物等基础理论和基本知识。

掌握电子电工、PLC 控制的基本知识。

掌握水污染治理、大气污染治理、噪声污染治理、固体废物处理与资源化利用的基本方法和原理。

2. 技能要求

具有探究学习、终身学习、分析问题和解决问题的能力。

具有良好的语言、文字表达能力和沟通能力。

具有识读各类环保工程工艺图和设备图的能力。

具有熟练使用 CAD 设计软件进行环保工程工艺设计的能力。

具有依托法律法规对工程项目开展环境监理的能力。

具有依据操作规范，对污水处理环保设施、大气污染治理设施进行操作运营和系统维护的能力。

具有对环保设备进行安装、调试和检修的能力。

具有对常规污染物进行检测、数据处理和分析的能力。

具有熟练进行口语和书面的表达与交流；能够用工程语言（图纸）与专业人员进行有效的沟通交流能力。

具有本专业需要的信息技术应用能力。

3. 素养要求

坚定拥护中国共产党领导和我国社会主义制度，在习近平新时代中国特色社会主义思想指引下，践行社会主义核心价值观，具有深厚的爱国情感和中华民族自豪感。

崇尚宪法、遵纪守法、崇德向善、诚实守信、尊重生命、热爱劳动，履行道德准则和行为规范，具有社会责任感和社会参与意识。

具有质量意识、环保意识、安全意识、信息素养、工匠精神、创新思维。

勇于奋斗、乐观向上，具有自我管理能力、职业生涯规划的意识，有较强的集体意识和团体合作精神。

具有健康的体魄、心理和健全的人格，掌握基本运动知识和 1～2 项运动技能，养成良好的健身与卫生习惯，以及良好的行为习惯。

具有一定的审美和人文素养，能够形成 1～2 项艺术特长或爱好。

4. 职业技能证书要求

污水处理 1+X 职业技能等级证书见附件 1。

二、某高校环境工程专业 1＋X 污水处理职业技能等级证书制度的课程体系

（一）课程体系概述

杭州职业技术学院环境工程专业 1＋X 污水处理职业技能等级证书制度的课程体系，旨在为学生提供更为实用和有效的职业技能培训，将职业技能与学术理论相结合，推动学术研究与行业发展的融合。

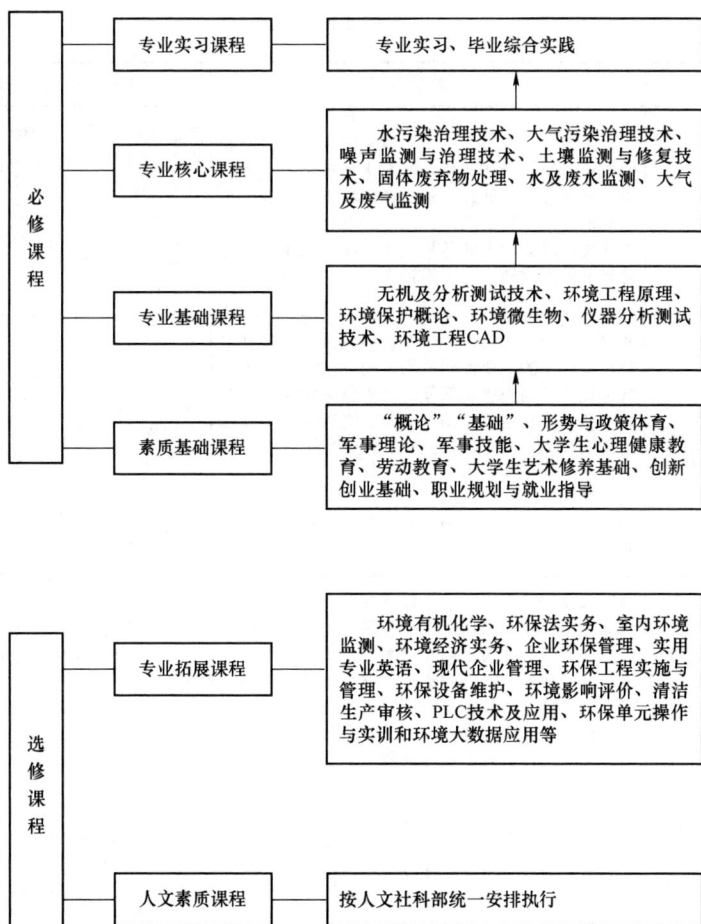

```
必修课程
  ├─ 专业实习课程 ──→ 专业实习、毕业综合实践
  ├─ 专业核心课程 ──→ 水污染治理技术、大气污染治理技术、
  │                    噪声监测与治理技术、土壤监测与修复技
  │                    术、固体废弃物处理、水及废水监测、大气
  │                    及废气监测
  ├─ 专业基础课程 ──→ 无机及分析测试技术、环境工程原理、
  │                    环境保护概论、环境微生物、仪器分析测试
  │                    技术、环境工程CAD
  └─ 素质基础课程 ──→ "概论""基础"、形势与政策体育、
                       军事理论、军事技能、大学生心理健康教
                       育、劳动教育、大学生艺术修养基础、创新
                       创业基础、职业规划与就业指导

选修课程
  ├─ 专业拓展课程 ──→ 环境有机化学、环保法实务、室内环境
  │                    监测、环境经济实务、企业环保管理、实用
  │                    专业英语、现代企业管理、环保工程实施与
  │                    管理、环保设备维护、环境影响评价、清洁
  │                    生产审核、PLC技术及应用、环保单元操作
  │                    与实训和环境大数据应用等
  └─ 人文素质课程 ──→ 按人文社科部统一安排执行
```

图 5-3

该课程体系一般分为三个层次：基础课程、专业课程和证书课程。

基础课程：基础课程主要包括环境科学、环境工程学、化学、生物学、物理学等相关基础学科的教学。通过这些课程的学习，学生将掌握基础的科学理论和相关的实验技能，为后续的专业课程和实践课程打下基础。

专业课程：专业课程主要包括污水处理工艺、污水处理设备、环境监测、环境管理等相关专业课程的教学。通过这些课程的学习，学生将进一步了解环境工程领域的理论知识和技术要求，掌握环境工程的设计、运营、管理等方面的技能。

表 5-9

序号	课程名称	主要教学内容	技能考核项目	建议课时
1	水污染治理技术	通过本课程的学习，学生了解我国水污染控制的原则、方法和设计规范；熟悉水处理相关法律法规；理解各种水处理方法的作用机理；掌握自来水典型工艺、生活污水、印染行业、电镀行业等工业废水污染治理的各种技术方法的应用；能针对典型处理设施进行运维操作	技能考核项目：典型废水治理设备的操作和维护，特殊成分废水的物理、化学法治理，能初步设计城镇给水、特殊成分工业废水的工艺流程图	84
2	大气污染治理技术	通过本课程的学习，使学生认识到废气治理技术对环境保护的重要性和作用，树立保护和改善大气环境质量的观念，掌握废气中常见污染物的控制方法，能运用所学知识和技能进行废气中常见污染物处理工艺方案的设计和现场处理工艺的调试及运行管理，培养学生良好的职业素质和客观、严谨的工作作风；增强其适应职业变化能力和继续学习能力，成为具有废气治理技术的高技能人才	技能考核项目：能计算烟气体积、工业废气及污染物排放体积，能设计烟囱高度和估算污染物到达地面浓度；会初步进行除尘设备、脱硫脱硝、VOC 工艺的选型及设计	68
3	噪声监测与治理技术	通过本课程的学习，学生理解环境噪声控制基本概念、控制原则和技术以及各种主要降噪措施和方法的原理；掌握常用噪声测试仪器的功能、操作、维护技术、噪声测量及数据处理的方法和环境噪声预测方法和综合控制技术；理解各类噪声测试标准和环境质量评价方法；会分析和解决一些环境噪声控制方面实际问题	技能考核项目：校园环境噪声监测、道路交通环境噪声监测、噪声源频谱测定、吸声材料吸声系数测定等	51
4	土壤环境监测与修复技术	通过本课程的学习，学生掌握土壤环境监测、土壤环境污染控制及土壤环境污染修复的基本概念和基本原理，了解土壤环境污染防治的动态；学会土壤样品的采集与处理，并能对水分、pH、重金属等指标进行监测，掌握污染土壤发生机理、物理、化学、生物修复的基本原理和技术以及土壤污染的风险评价与诊断	技能考核项目：土壤样品采集，土壤中 pH、水分、铜、铅等理化指标检测，测定原始数据表和检测报告的填写，土壤的植物修复、化学修复、植物修复和微生物修复等	34

续表

序号	课程名称	主要教学内容	技能考核项目	建议课时
5	固体废弃物处理	通过本课程的学习，学生建立"没有真正意义上的废物，只有出现在错误时间和错误地方的资源"的理念；掌握固体废物处理处置的基本概念、基本方法和基本原理、基本技术和工艺；了解固体废物资源化的典型范例，能运用所学知识和技能对固体废物进行处理处置	技能考核项目：厨余垃圾有机堆肥装置搭建、生活垃圾容重法处理分析、垃圾填埋模拟实验、好氧堆肥模拟实验	51
6	水及废水监测	通过本课程的学习，学生了解水环境监测方案的相关知识，能初步制定水环境监测方案；熟悉地表水水样的采集、运输和保存的相关知识及方法，会地表水水样的采集和保存；熟悉地表水物理指标及 pH 监测的原理及测定方法；熟悉地表水营养盐指标监测的原理及测定方法；熟悉地表水有机物指标监测的原理及测定方法；熟悉地表水毒理指标监测的原理及测定方法	技能考核项目：水及废水监测采样器的使用；水及废水监测主要指标的测定，水样采集记录表和水样测定原始数据表的填写	84
7	大气及废气监测	通过本课程的学习，学生能利用网络查找、跟踪最新环境监测项目国家标准；能根据任务要求选择适当的监测方法；能合理布置监测点位，能对各类污染物的采样点、采样时间、采样频率作合理选择；能根据监测方案进行测定前准备工作；能选择适当的方法对样品进行预处理；掌握常规指标（烟（粉）尘、TSP、NO_x、SO_2 等）分析检测方法；掌握常规仪器的操作规程和一般维护方法；能对监测数据进行处理，并对数据的准确性进行评价；掌握监测报告常用体例，并能编写出监测报告	技能考核项目：大气及废气监测采样器的使用，校园环境空气质量主要指标的监测，采样记录表和测定原始数据表的填写	68

证书课程：证书课程主要是指污水处理职业技能等级证书的相关课程，包括污水处理工艺与技术、污水处理设备维护与管理、污水处理现场实操等课程。通过学习这些课程，学生将全面了解污水处理职业技能等级证书的要求和实践操作技能，为后续的职业资格认证做好准备。

此外，高校环境工程专业 1+X 污水处理职业技能等级证书制度的课程体系还应该包括实践课程和毕业设计等环节，通过实践操作和综合设计等方式，让学生更好地理解和掌握课程内容，提高职业技能水平。同时，该课程体系还应该充分考虑行业的最新发展趋势和技术要求，保持与实际工作的接轨，为学生的职业发展提供更好的支持。

根据教育部要求和污水处理职业技能等级证书要求，需要将现有教师分为 4 个团队：即絮凝组、水质分析组、微生物镜检组、安全操作组。其中，要求必须至少 1 名企业老师参与指导。其中，污水处理工艺仿真采用计算机考核形式；实验室操作可选择考核内容包括絮凝剂配制与优化、微生物镜检、水质分析，实验室操作考核内容由院校根据现有设备条件选择其一进行考核。安全操作考核内容包括有限空间操作和心肺复苏操作。

（二）职业素养课程

高校环境工程专业 1 + X 污水处理职业技能等级证书制度的职业素养课程是指为提高学生的职业道德、职业素养和职业技能，培养学生适应职业发展和行业发展的综合能力而设置的课程。

职业素养课程包括以下几个方面。

职业道德：职业道德是指在工作岗位上需要遵守的道德规范和职业规范。在职业素养课程中，学生将学习职业道德的基本概念、原则和规范，并通过案例分析和讨论等方式，了解如何在工作中遵守职业道德，做到公正、诚实、负责和奉献。

职业技能：职业技能是指在工作岗位上所需的专业技能和实践操作能力。在职业素养课程中，学生将学习污水处理工艺、设备操作和现场管理等方面的技能和知识，通过实践操作和案例分析等方式，提高职业技能水平。

职业规划：职业规划是指学生在职业生涯发展过程中所做出的决策和计划。在职业素养课程中，学生将学习职业规划的基本概念和方法，并通过职业咨询、招聘会等方式，了解行业发展趋势和职业发展方向，制定个人的职业规划。

交际能力：交际能力是指在职场中与人沟通、协调、合作的能力。在职业素养课程中，学生将学习基本的沟通技巧、团队协作和冲突处理等知识和技能，并通过模拟演练和实践操作等方式，提高交际能力。

总之，高校环境工程专业 1 + X 污水处理职业技能等级证书制度的职业素养课程，通过培养学生的职业道德、职业技能和职业规划等方面的能力，为学生的职业发展提供全方位的支持和保障。

（三）实习实训课程

高校环境工程专业1+X污水处理职业技能等级证书制度的实习实训课程是指为学生提供实践机会，让他们在实际工作场所中学习和应用专业知识和技能，提高职业素养和实践能力的课程。

实习实训课程包括以下几个方面。

实习基地选择：在实习基地选择方面，高校环境工程专业通常会选择污水处理相关企业、环保部门等单位作为实习基地。在选择实习基地时，需要考虑基地的实践环境、实践项目和实践指导力量等方面的因素，以确保学生能够得到充分的实践机会和指导。

实践内容设计：实践内容的设计是非常重要的，需要根据学生的专业背景和实践需求，确定实践项目和实践内容。在实践过程中，学生需要掌握污水处理的工艺流程、设备操作、现场管理等方面的技能和知识，并能够独立完成实践任务。

实践指导与评估：在实践过程中，指导老师需要对学生进行实践指导和实践评估。指导老师需要通过现场辅导、实践报告等方式，指导学生掌握实践技能和知识，并及时给予评估和反馈。

实践报告撰写：实践报告的撰写是实践课程的重要组成部分，学生需要在实践结束后，根据实践内容和实践成果，撰写实践报告。实践报告需要包括实践项目的背景、目的、实践过程、实践成果等方面的内容，并对实践中的问题和不足进行分析和总结。

总之，高校环境工程专业1+X污水处理职业技能等级证书制度的实习实训课程，通过提供实践机会和指导，让学生在实践中掌握专业知识和技能，提高职业素养和实践能力，为学生的职业发展和行业发展提供支持和保障。

三、某高校环境工程专业 1＋X 污水处理职业技能等级证书制度的实践教学模式

（一）实践教学模式概述

高校环境工程专业 1＋X 污水处理职业技能等级证书制度的实践教学模式是基于职业素养、实践技能和实践能力的培养，以实践为核心，以理论为基础，通过多种教学手段和方式，将知识与实践相结合，使学生能够在实践中掌握专业技能和知识，培养职业素养和实践能力，为学生的职业发展和行业发展提供支持和保障。

实践教学模式主要包括以下几个方面。

理论教学与实践相结合：在实践教学模式中，理论教学与实践相结合是非常重要的。理论教学可以为学生提供必要的理论知识，而实践则可以让学生将理论知识应用到实践中去，并通过实践不断提高理论知识的理解和掌握程度。

多元化的实践教学方式：实践教学方式需要根据学生的实践需求和实践场景进行选择。例如，通过模拟实践、案例分析、现场实践、实验教学等多种教学方式，可以使学生在不同的实践场景中掌握不同的技能和知识。

教师指导与学生自主学习相结合：在实践教学中，教师指导和学生自主学习相结合也是非常重要的。教师需要通过指导、鼓励和反馈等方式，激发学生的学习兴趣和动力，促进学生自主学习和探究能力的培养。

实践课程设计与实践任务设置：实践课程设计和实践任务设置需要根据实践需求和学生实际情况进行设置。实践任务需要具有针对性和挑战性，既要考虑学生的实际情况，又要考虑实践的实际效果。

总之，高校环境工程专业 1＋X 污水处理职业技能等级证书制度的实践教学模式，通过多种教学手段和方式，将知识与实践相结合，使学生能够在实践中掌握专业技能和知识，培养职业素养和实践能力，为学生的职业发展

和行业发展提供支持和保障。

（二）以项目为导向的实践教学模式

高校环境工程专业1+X污水处理职业技能等级证书制度的实践教学模式以项目为导向，是一种将理论教学与实践教学相结合的教学模式。它将学生置于一个实际的工作环境中，让学生通过参与实际项目，掌握污水处理职业技能等级证书中所涉及的理论和技能，培养学生实践动手能力和解决实际问题的能力。

在以项目为导向的实践教学模式下，学生需要通过完成一个或多个项目来学习和掌握所需的理论和技能。项目通常由教师或工业企业提供，包括污水处理工程的设计、施工、运营和维护等方面，这样可以确保项目的实际性和真实性。学生在参与项目的过程中，需要进行规划、设计、实施和维护等工作，将理论知识与实际工作紧密结合，提高学生的实际操作能力和解决问题的能力。

以项目为导向的实践教学模式还有一个重要的特点，即强调团队协作。学生需要在团队中协作完成项目，并根据团队成员的不同技能和经验来分配任务和工作，以确保项目的顺利完成。通过这种团队协作方式，学生可以培养协调、沟通和领导能力，提高个人和团队绩效。

总之，高校环境工程专业1+X污水处理职业技能等级证书制度以项目为导向的实践教学模式是一种创新的教学模式，通过将理论知识与实际工作相结合，培养学生的实践动手能力和解决实际问题的能力，同时还可以提高学生的团队协作能力和领导能力，使学生在完成项目的过程中获得更全面的能力提升。

（三）以任务为导向的实践教学模式

高校环境工程专业1+X污水处理职业技能等级证书制度以任务为导向的实践教学模式，是一种将理论教学与实践教学相结合，以任务为核心进行教学的教学模式。这种教学模式注重培养学生的实际操作能力和解决问题的能力，强调实践性、针对性和问题导向。

在以任务为导向的实践教学模式下，教师会通过设计一系列与污水处理相关的实际任务来引导学生学习和掌握所需的理论和技能。这些任务可以来自于工业企业的需求，也可以是教师根据实际情况设计的，任务的难度和复杂度也会根据学生的不同水平进行调整。学生在完成任务的过程中需要运用所学的理论知识和技能，解决实际问题，从而达到理论和实践相结合的目的。

以任务为导向的实践教学模式还注重培养学生的自主学习能力和问题解决能力。学生需要在完成任务的过程中主动寻找问题，思考解决方案，并在实际操作中进行验证。这样可以提高学生的自主学习能力和创新能力，促进学生全面发展。

总之，高校环境工程专业 1＋X 污水处理职业技能等级证书制度以任务为导向的实践教学模式是一种注重实践、针对性强的教学模式。通过以任务为核心，教师引导学生掌握所需的理论和技能，强化学生的实际操作能力和解决问题的能力，同时还可以培养学生的自主学习能力和创新能力，使学生在完成任务的过程中获得更全面的能力提升。

（四）以情境为导向的实践教学模式

高校环境工程专业 1＋X 污水处理职业技能等级证书制度以情境为导向的实践教学模式，是一种以情境为基础，通过模拟实际情境进行教学，培养学生的实际操作能力和解决问题的能力，以及创新思维能力和综合应用能力的教学模式。在这种模式下，学生将通过模拟真实的污水处理工作环境，进行实际的操作和解决实际问题，进一步提高其实践技能和职业素养。

以情境为导向的实践教学模式，主要通过情境、案例等方式来进行教学。教师将设计一些真实的情境，如模拟实际工作场景、现场调研、工程实践等，以情境为背景进行教学，将学生置于实际的情境中，让学生通过观察、分析、解决问题等方式来学习。这种教学模式旨在培养学生的实际操作能力和解决问题的能力，使学生能够熟悉真实的工作环境，并在实际操作中不断积累经验，提高实践能力。

与以任务为导向的实践教学模式不同，以情境为导向的实践教学模式更强调情境的真实性和可操作性。这种模式要求学生在真实的环境中进行实际操作和解决问题，从而更好地模拟实际工作环境，培养学生的实际操作能力和解决问题的能力。同时，学生也能够更好地了解和掌握实际工作流程，为将来的就业打下更坚实的基础。

总之，高校环境工程专业1+X污水处理职业技能等级证书制度以情境为导向的实践教学模式是一种注重情境的真实性和可操作性的教学模式。通过模拟真实的污水处理工作环境，学生能够更好地了解和掌握实际工作流程，培养学生的实际操作能力和解决问题的能力，并为将来的就业打下更坚实的基础。

四、实践教学体系的构建与应用

（一）实践教学体系的构建

高校环境工程专业1+X污水处理职业技能等级证书制度的实践教学体系构建包含多个环节，主要包括课程设置、教学方法、教学资源和考核评价等方面。在这些环节的共同协作下，学生能够逐步获得所需的理论知识和实践技能，最终达到职业技能等级证书要求的水平。

课程设置是实践教学体系的基础。高校环境工程专业1+X污水处理职业技能等级证书制度要求学生通过修习课程来掌握必要的理论知识和实践技能。因此，课程设置应当全面覆盖证书所要求的各项技能要求，既包括专业理论课程，也包括职业素养课程和实习实训课程。

教学方法是实践教学体系的核心。在教学过程中，应采用灵活多样的教学方法，既要注重理论知识的授予，也要注重实践技能的培养。比如，可以采用案例教学、项目教学、情境教学等方式，让学生深入参与到实践教学中，将所学知识应用到实践中去，从而提高学生的实际应用能力。

教学资源是实践教学体系的保障。高校环境工程专业1+X污水处理职业技能等级证书制度对教学资源提出了较高要求，包括实验室、实习基地、职业技能培训中心等。学校应当投入足够的教学资源，以满足学生的学习需求，提高实践教学的质量和效果。

考核评价是实践教学体系的重要环节。通过考核评价，可以对学生的学习成果进行科学评估，为学生的职业发展提供参考。高校环境工程专业1+X污水处理职业技能等级证书制度要求学生通过各种形式的考核来评估其职业技能水平，比如理论考试、实践操作考核、课程设计、毕业论文等。在考核评价过程中，应严格遵循证书要求，确保学生成绩的公正性和科学性。

根据以上分析，为了进一步提高学生的实操技能，巩固第一课堂内容，充分调动学生参与1+X证书试点的积极性，从"教师""教材""教学"三方面进行了针对性的改革和优化。杭州职业技术学院环境工程技术专业以环境专业核心课程《废水治理设施运行与管理》为例，将证书技能考核要点与课程教学改革联系在一起。目前，试点第一期的准备工作正在有序开展中，计划在环境专业大二年级第二学期开展环境专业1+X证书污水处理职业技能提升项目活动。该项目是环境类专业教学改革与发展的需要，能够培养学生职业能力，提升学生个人的综合素质能力。该项目活动围绕培养和提升环境专业学生综合技能绩效的校内学生的培训和选拔，主要围绕"第二课堂""导师制""课证融合""分级学分制""学期项目"等手段开展相关的教学改革。

环境专业组老师与课程重组，并组为4个团队：即絮凝组、水质分析组、微生物镜检组、安全操作组。

召开1+X证书污水处理职业技能提升项目动员大会。

双向选择各培训老师和模块。

编写1+X证书污水处理职业技能提升项目训练的计划和时间安排。

1+X证书污水处理职业技能提升项目各模块的知识讲解。

各模块"分级"教学。

1+X证书考核。

"学分认定"学期项目的总结。

（二）实践教学体系的应用

高校环境工程专业 1+X 污水处理职业技能等级证书制度的实践教学体系的应用包括两个方面：一是应用于教学实践中，通过课程设置、教学方法和手段的改革，提升学生的职业素养和实践能力；二是应用于企业实践中，通过与企业的合作，将学生送入现场进行实习、实训，培养实际操作能力和职业素养。

在教学实践中，学校应根据 1+X 制度的要求，将课程设置与 1+X 证书体系紧密结合，确保学生学习到实用的专业知识和技能，并且在教学过程中，要重视学生的实际操作能力和职业素养的培养，通过课程设计和教学方法的改革，增加实践环节，鼓励学生参与到实践中去，帮助学生在实践中发现问题、解决问题、提高自己的实践能力。

1. 提高学生的学习积极性和学习成效

通过以项目、任务、情境为导向的实践教学，学生能够更加积极主动地参与学习，提高学习效果。学生能够在实践中掌握实际操作技能和解决实际问题的能力，从而更好地适应职业发展的需求。

2. 增强学生的职业素养

通过职业素养课程的设置，学生能够更好地了解职业道德、职业规范、职业能力等方面的知识，培养职业操守、职业道德和职业技能。这有助于学生在职场中更好地发挥作用，具备更强的竞争力。

3. 丰富教学内容和教学手段

采用以项目、任务、情境为导向的实践教学，能够丰富教学内容和教学手段。通过参加实践项目、完成实践任务、模拟实际情境等方式，学生能够更加深入地了解污水处理领域的知识和技能，增强实践能力和解决问题的能力。

4. 提升教学质量和学生就业竞争力

高校环境工程专业 1+X 污水处理职业技能等级证书制度的实践教学体系能够提升教学质量和学生就业竞争力。学生掌握实际操作技能和解决实际问题的能力，能够更好地适应职业发展的需求，提高就业竞争力。

在企业实践中，学校应与企业合作，将学生送入企业实习、实训，与企业共同搭建"校企合作、产教融合"的实践平台，让学生在实际工作环境中接受培训和锻炼，掌握先进的工作技能和经验，提高自己的实际操作能力和职业素养。同时，学校还可以与企业合作开展科研项目，培养学生的科研意识和创新能力，提高学生的科研水平和竞争力。高校环境工程专业 1+X 污水处理职业技能等级证书制度是为了培养符合企业需求的人才而制定的，因此在企业实践中应用该制度具有很大的意义。

企业可以借助该制度的标准和体系，对员工进行岗位培训和技能提升。企业可以根据员工的职业技能等级，制定相应的培训计划和教育方案，让员工在实践中不断提高自己的技能水平，提高企业的生产效率和质量。

企业可以与高校进行合作，将该制度纳入企业的人才培养计划中。企业可以为高校提供实习和实训机会，让学生在企业实践中学习和应用该制度，加深对职业技能的理解和掌握，提高就业竞争力。

企业可以通过该制度，推动职业技能认证和人才评价的标准化。企业可以将该制度作为员工绩效评价和晋升的重要依据，激励员工不断提高自身技能水平，提高企业的核心竞争力。

高校环境工程专业 1+X 污水处理职业技能等级证书制度应用于企业实践中，有利于提高企业的生产效率和质量，加强企业与高校之间的合作，推动职业技能认证和人才评价的标准化。此外，学校还可以与相关行业协会和企业共同开展职业技能培训和考核，让学生参加职业技能等级考试，提高学生的职业技能等级和竞争力。通过这些应用，可以有效提高学生的职业素养和实践能力，为学生的就业和职业发展打下坚实的基础。

（三）实践教学效果的评价

高校环境工程专业 1+X 污水处理职业技能等级证书实践教学体系的实施可以有效提升学生的职业素养和实践能力。

学生的知识掌握程度：通过学生的考试成绩和实验报告等学术成果，可以初步评价学生对污水处理相关知识的掌握程度。

学生的实践能力：学生参与的实践项目的质量和效果，以及学生在实践中表现出的自主思考、解决问题的能力等，都是评价学生实践能力的重要指标。

学生的职业素养：通过学生在实践中遵守职业道德和职业规范的表现，以及对职业发展规划和行业前景的认识等，可以评价学生的职业素养。

教学效果的反馈：通过学生和企业的反馈，可以评价教学实践效果的优缺点，从而为后续的教学改进提供依据。

综合上述评价指标，可以进行量化或定性评估，以反映出高校环境工程专业1+X污水处理职业技能等级证书实践教学体系的教学效果。同时，通过持续的评估和反馈，不断优化教学体系，进一步提升教学效果和学生的职业能力。

第四节　1+X证书制度下工业机器人技术专业课证融合探讨

2019年，北京新奥时代科技有限责任公司（工业和信息化部教育与考试中心）和北京赛育达科教有限责任公司（隶属于中国机械工业联合会）职业教育培训评价组织结合国内外先进经验和职业技能标准体系，分别制定了《工业机器人操作与运维1+X证书制度职业技能等级标准》和《工业机器人应用编程1+X证书制度职业技能等级标准》。在工业机器人操作与运维1+X职业技能等级证书体系中，包括机器人安装工作站、工业机器人系统调试、工业机器人示教器编程、工业机器人数据备份与恢复、工业机器人系统维护、工业机器人系统故障诊断及处理、常用传感器故障诊断、工业机器人校准故障处理、工业机器人校准异常判读与分析、工业机器人零点标定、工业机器人应用系统安装与调试、工业机器人本体故障诊断及处理、工业机器人控制柜故障诊断、示教器完成工业机器人简单动作的编程、工业机器人数据备份与恢复等模块，分初、中、高共 31 个等级模块证书。工业机器人应用编程 1+X 职业技能等级证书体系中，包含仿真环境搭建、参数配置、工业机器人手动操作、工业机器人典型应用编程、工业机器人示教器设置、工业机器人系统外部设备参数设置、扩展 I/O 应用编程、编程仿真、工业机器人的标定与测试、带外部轴的系统设置、工业机器人系统编程与优化、带外部轴工业机器人系统编程、外部设备通信与应用编程、工业机器人生产线综合应用编程、工业机器人系统虚拟调试、工业机器人二次开发、工业机器人产品测试等功能模块，分初、中、高共 28 个等级模块证书。通过这些职业技能等级证书的考核认证，覆盖工业机器人专业的全部核心课程，可以实现一个专业多证书的课证融合。而对于工业机器人技术、工业机器工程、智能制造、机械电子工程、智能控制技术、机械设计制造及其自动化等领域，职业能力等级证书还不能覆盖所有的专业课程。

一、课证融合的基本思路

在对专业人才培养方案和职业技能等级证书标准进行课证融合时，要把握的原则是：1 是基础，X 是对 1 的补充、强化和拓展。图 5-4 为以工业机器人专业和工业机器人应用编程职业技能等级证书为例的课证融合基本思路。

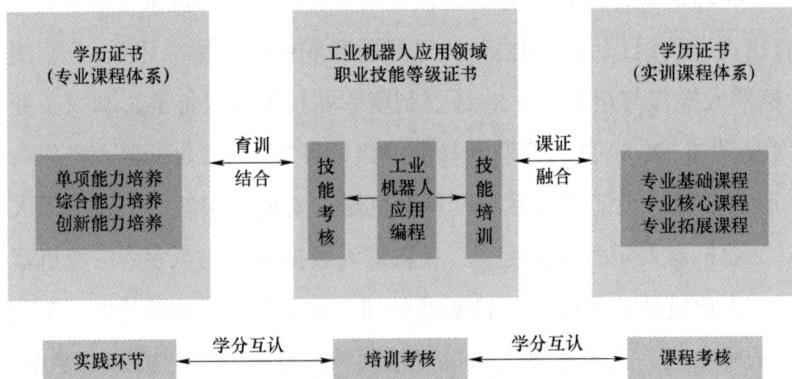

图 5-4　以工业机器人专业和工业机器人应用编程职业技能等级证书为例的
课证融合基本思路

（一）1+X相生相长的标准体系

学历证书1和职业技能等级证书X是基础与拓展的关系。1具有基础性、主体性，要解决德智体美劳全面发展与职业对应的专业技术技能教育问题，为学生的可持续发展打下基础。X具有针对性、引导性、先进性，解决职业技能、职业素质或新技术新技能的强化、补充或拓展问题。从职业院校育人角度出发，1+X是一个整体，构成完整的教育目标，1与X作用互补、不可分离。

（二）培养方案是1+X试点纽带

做好1+X证书制度试点工作，将职业技能等级标准内容融入专业课程体系，及时将新技术、新工艺、新规范纳入课程标准和教学内容，构建1和X深度融合的人才培养方案。试点工作应通过校企合作，做好专业教学标准和职业技能等级标准对接，进行"三教改革"，推进实训基地建设，校企共同开发专业人才培养方案。

（三）系统思考课证融合各环节

任何一个与课证融合相关的环节没有打通，该工作都不能顺利推行。制订课证融合的人才培养方案，仅从教师端发力也是不够的。目前许多学校落实1+X试点的重点"眼睛向内"，这是有偏颇的，需求导向和问题导向都很重要。校本级的1+X课证融合专业人才培养方案需要有"开发指南"。

二、课证融合的注意事项

（一）需求导向

课程体系与X证书等级标准进行融合要始终以社会需求为导向，因为课证融合的目的就是为了满足学生的学习需求，满足企业用人需求，从而得到社会认可。

（二）与培训评价组织合作

培训评价组织会提供 X 培训站点的设站标准、相关的教材和学习资源、培训师要求、培训考核等方面的管理，以及学分和学分银行的认定、积累与操作等方面的要求。

（三）课时约束

教育部对职业院校人才培养方案制订与实施工作指导意见有明确要求，如三年制高职总学时数不低于 2 500，实践性教学学时原则上占总学时的50%以上。要积极推行认知实习、跟岗实习、顶岗实习等多种实习方式，学生顶岗实习时间一般为 6 个月。在课证融合设计时，既要保证 1 的教育教学要求，又要将 1 与 X 有机融合，但必须要有约束条件，即重组后总学时数约等于原学时总数或稍有增加，但增量不宜过多。

（四）学分银行建设

在推行 1+X 证书试点过程中，还要积极响应职业教育国家学分银行的建设，做好证书的启动和完善工作。国家学分银行可以建立机构账户和个人账号，对课程内容按照学分计算，学习完考核合格后就可以在学分银行实现学习成果的登记、认定、积累和转换。学校根据有关国家学分银行试点要求新建或完善现有校内学分银行，并与国家学分银行对接，构建国家资历框架。

三、课证融合的方法

（一）优化专业人才培养方案

优化人才培养方案，就是将职业技能等级标准与教学标准整合，让这两个标准融为一体。专业人才培养方案优化的重点是优化课程结构和课程标准。对原有课程进行重组，先设计学习项目，确定核心模块，然后按系统论方法设计配套内容。

以教育部 2018 年修订的《高等职业院校工业机器人技术专业教学标准》为基础，选择与专业课程学习内容一致的职业技能等级证书模块进行整合，使培养方案中的部分专业核心课程学习任务与工业机器人应用编程职业技能等级证书对应起来。对原培养方案中专业核心课程"工业机器人现场编程""工业机器人离线编程与仿真""工业机器人应用系统集成""可编程控制技术""工业机器人应用系统建模""机器视觉技术及应用"的内容进行整合，开设"工业机器人系统维护""工业机器人应用系统运行"两门课程，课程教学内容分别与工业机器人应用编程职业技能中级标准中的工业机器人本体、工业机器人及系统两个模块培训考核项目内容相对应。同时，对"工业机器人系统维护""工业机器人应用系统运行"两门课程标准进行改革，将职业技能模块中的考核点对接到课程教学任务中，使课程教学内容与对应模块职业技能等级标准对接。在此基础上调整课程教学课时，制订课程教学实施方案，将工业机器人专业应用编程职业技能中级证书相关模块内容融入课程教学实施过程中，学生在取得工业机器人应用编程职业技能等级证书的同时，可获取相应模块对应课程的学分，从而推进 1 和 X 的有机衔接，实现真正的课证融合。

（二）改善实训教学条件

根据 2019 年教育部公布的《高等职业院校工业机器人技术专业实训教学条件建设标准》，结合工业机器人职业技能等级证书中级标准考核点要求，对应找出满足教学需要和满足证书技能培训和考核的设备差异。在采购或改造设备时，尽量让同一设备同时满足教学和考证需要，但差异的设备要单独购买，同时还要注意根据学生的数量和考核要求确定设备台套数。

（三）加强专业教师队伍建设

专业教师在教学过程中担任的是教师角色，在培训过程中担任的是培训师角色，在考核过程中担任的是考核师角色。同一教师可能会在不同场合承担多个角色，这就要求教师队伍和培训考核队伍结构要合理，才能相互配合，完成工作任务。因此，各学校非常有必要打造培育一支工业机器人技术专业高标准要求的"双师型"教师团队，可以聘请企业的工程技术人员与学校教师进行互补。

提升教师的职业教育能力有多种方式。通过企业生产实践、参加国培省培等，有效提高专业教师的教学水平、培训水平、实操技能，适应 1+X 证书制度培训、考核认证等需要。专业教师团队是 1+X 证书培训、考核的实施者，这就要求专业教师团队按照职业标准、教学标准完成对应职业技能等级证书模块的培训。

四、工业机器人技术专业 1+X 课证融合应注意的问题

（一）重视 X 证书培训，弱化 1 的学习

学历证书 1 是基础，职业技能等级证书 X 是对学历证书内容的强化、补充和拓展，绝不能把培训 X 证书考核作为专业教学的重点。学历证书是学生毕业的基本条件，也是进入更高层次学习的基础。职业教育首先是学历教育，其次才具有与其他学历教育不同的特色。学历教育是一种系统化、科学化、规范化的教育形式，对于培养人的认知能力和人生观、世界观、价值观起到重要作用。从更深层次的意义上去理解，学历教育 1 与职业技能培训 X 相辅相成。前者是基础，后者是在前者的基础上突出职业技能的提高，同时后者倒逼前者对教学进行相应的改革。

（二）试点院校盲目加大考评工作站的建设

在实施 1+X 证书制度过程中，试点院校要加大配套设施投入和设备更新换代。但证书考核方式上引入第三方作为培训评价组织，培训评价组织又委托部分设备生产商对试点院校进行师资培训，培训中无形地影响着教师对

设备依赖。每个试点院校都想让自己的学校既是培训点又是考核点，这样必然导致对考核设备大批量采购，致使基础教学的设备资金减少。1+X 证书制度实施中没有任何文件提到对设备的要求，所谓的考核设备均由企业自行宣传。学生在考核过程中，可以选择任何一台工业机器人进行操作，能够完成考核项目就可以，对考核设备不会过度依赖。

（三）学生考证偏向功利化

正确引导学生对职业技能等级证书的认识，学校不能盲目地只宣传证书，不宣讲国家实施证书的背景、目的和意义。职教 20 条中提出鼓励学生在校期间取得多种职业技能等级证书，拓宽就业面。但不是强制，也没有要求将取得职业技能等级证书作为毕业的必备条件。学生应根据兴趣爱好和对自身的职业规划，有针对性地选择适合自己的职业技能等级证书。如果学生盲目获取证书，不仅加大学生学业压力，也会增加学生的经济压力，造成相应的学习资源浪费现象。假如工业机器人应用与编程职业技能等级证书社会认可度高，便会有大量跨专业的学生报考，这不利于学生自身专业知识的积累和未来的发展。职业院校不能把取得职业技能等级证书的学生数量与教学质量硬性挂钩。

第五节　职业本科学校实施 1+X 证书制度试点工作探究

一、职业本科学校现状

当前，普通本科院校培养出来的学生在基础理论、科研能力等方面具有一定的优势，但在技术技能方面存在不足，动手能力偏弱，技术操作不够熟练，很难适应企业对于高素质技能人才的需要。高职专科教育培养出来的学生技能方面比较熟练，在企业就业时上手也快，受到企业青睐，但同时存在综合素质不太高、基础不够扎实、职业发展后劲不足的现象，难以承担企业技术创新的重任。高职院校经过多年的发展，积累了一定的经验，具备一定的职业本科教育试点基础。比如，实践教学硬件条件方面，部分高职院校的实践教学设备和配套设施等条件比一些本科院校的条件更好；高职院校校企合作开展的时间较长，有与企业密切联系、共同培养人才的经验；高职院校根据就业导向设置专业课程，符合企业对技术技能型人才的要求。这些都为试点职业本科教育提供了有力支撑。

我国的职业教育发展过程中一直分为中职和高职两个层次，学历的最高层次就是专科，虽然发展了很长一段时间，但学历层次未得到提升，社会地位和认可度不高。随着经济社会的发展，当前中高职培养的人才已无法满足快速发展的社会需求，当然无论是国家层面还是企业和学校层面都已意识到该问题，更加体现了职业教育培养复合型技术技能人才的重要性。"职业本科"概念的真正提出是在 2001 年，政府批准深圳职业技术学院开展本科学历层次的职业教育，标志着职业教育上升到了一个全新的层次。经过十多年的发展，到 2012 年，全国很多省市的高校陆续开始对本科层次的职业教育进行试点和推广，这为我国职业教育提升到本科层次奠定了基础，对推动我国职业本科教育试点起到了非常重要的作用。

二、1＋X 证书制度的提出

《国家职业教育改革实施方案》中明确提出启动 1＋X 证书制度试点工作，要稳妥推进1＋X 证书制度试点。把学历证书和职业技能等级证书结合起来，是职教改革方案的一大亮点，也是重大创新。职业教育以职业为基础，以就业为导向，不能片面地追求学历。职业技能等级证书就是要突出技能水平，强化技能评价在办学模式、教学方式、人才培养等方面的引领作用，深化复合型技术技能人才培养培训模式和评价模式改革，体现职业教育的类型属性。2019 年 4 月，教育部、国家发展改革委、财政部、市场监管总局四部门联合印发《关于在院校实施"学历证书＋若干职业技能等级证书"制度试点方案》，要求各地组织实施"学历证书＋若干职业技能等级证书"（以下简称"1+X证书"）制度试点工作。

三、1+X证书制度推进情况

2019年4月17日，教育部职业教育与成人教育司印发《关于做好首批1+X证书制度试点工作的通知》（教职成司函〔2019〕36号），首批试点1+X证书的有建筑信息模型（BIM）、Web前端开发、物流管理、老年照护、汽车运用与维修、智能新能源汽车6个职业技能等级证书。经过各省两个月的开展和对接，2019年6月，教育部职业技术教育中心研究所对全国各省按照试点要求申报的学校名单进行汇总并公示，其中，试点建筑信息模型（BIM）证书的有320所学校，Web前端开发证书的有422所，老年照护证书的有231所，汽车运用与维修证书的有465所，物流管理证书的有355所，智能新能源汽车证书的有195所。从试点证书和参与试点院校数据可以看出，学校对证书的重视程度较高，各职业院校积极申报试点专业，积极推进。2019年9月22日，全国首批1+X建筑信息模型（BIM）职业技能等级证书进行试考，在教育部公布的首批职业教育培训评价组织廊坊市中科建筑产业化创新研究中心的统一安排下，顺利完成。共有18所职业院校702名考生参加了考核，最终288名学生考核合格。同年11月6日，培训评价组织颁发了首批BIM 1+X职业技能等级证书。

2019年9月11日，教育部职业教育与成人教育司印发《关于做好第二批1+X证书制度试点工作的通知》（教职成司函〔2019〕89号），明确智能财税、工业机器人操作与运维、工业机器人应用编程等10个职业技能等级证书作为第二批1+X职业技能等级证书开展试点。

经过近半年时间对第一批1+X证书试点工作的开展运行，发现存在一些需要改进和完善的方面。2019年10月25日，教育部印发的《关于扩大1+X证书制度试点规模有关事项的通知》（教职成司函〔2019〕98号）中提出，在落实教育部等四部门《关于在院校实施"学历证书＋若干职业技能等级证书"制度试点方案》中关于"省级及以上示范（骨干、优质）高等职业学校和'中国特色高水平高职学校和专业建设计划'入选学校要发挥带头作用"要求的基础上，统筹支持其他积极性高、具备试点条件的院校自主参与试点。具备良好工作基础，符合试点工作条件的院校均可参与，以学生自愿参与为基础，合理确定试点规模，不做规模限制。也就是说，1＋X 证书试点学校不需要培训评价组织、省级教育行政部门审批，不再受数量限制，只要符合条件的学校，都可以备案试点。

2020 年 1 月 22 日，教育部职业技术教育中心研究所公布确定了 63 家职业教育培训评价组织的城市轨道交通乘务、城市轨道交通站务等 76 个职业技能等级证书，参与 1＋X 证书制度第三批试点。2020 年 12 月，教育部公布了第四批职业教育培训评价组织和职业技能等级证书，共计 379 项。

目前，共有 447 个 1＋X 职业技能等级证书陆续开始试点，涉及 301 家培训评价组织。各个职业技能等级证书的培训评价组织和职业学校都在积极开展试点相关工作。大部分证书培训评价组织都在通过召开试点证书说明会等方式与申请试点的院校对接，开展证书考核等工作。当然，在这个过程中还需要政府、培训评价组织、企业、职业院校，以及参与的社会力量共同努力解决试点过程中出现的各类问题，同时要不断总结，不断完善，将 1＋X 证书试点工作继续推进与深化。

四、职业本科试点学校实施 1＋X 证书制度试点工作分析

在 1＋X 证书试点工作的实施主体中，职业本科试点学校是其中非常重要的一部分。在打通职业教育学历框架的过程中，职业本科试点学校是其中不可或缺的一部分。在当前国家大力发展职业教育和推动职业教育改革的新形势下，如何将职业本科试点工作和 1＋X 证书试点工作有机融合在一起，显得格外重要。

从长远发展来看，随着职业教育的不断完善和发展，真正能够体现出职

业特色，必然会形成 1 与 X 的有机融合。国家大力推行 1+X 证书制度，也将会进一步推动职业教育学校自身的改革进度。那么，在 1+X 证书制度试点实施过程中如何推进 1 和 X 的有机融合，如何深化人才培养方案改革，成为证书制度试点实施主体职业院校当前面临的重要问题。职业本科试点学校作为职业教育试点的重要组成部分，同时也是新的试点主体，在推行 1+X 证书试点过程中如何更好地有效对接工作，是职业本科学校需要探讨的重要课题。就目前情况来看，试点工作对接的主要难点集中在以下几个方面。

（一）职业本科试点学校开展1+X证书试点工作的意义

职业本科试点学校当前都在教育部和各省教育行政部门的指导下开展试点工作，在开展职业本科试点过程中，在顶层设计上，职教本科试点的工作内容都是围绕如何更好地体现"职业"特色和属性做文章。1+X 证书制度试点是职业教育改革的一个重要手段，也是一种创新举措。职业本科试点学校在开展试点工作的同时，对 1+X 证书制度进行试点，两项试点工作并不会起冲突而是会有相互促进的作用。职业本科学校是 1+X 证书试点工作的实施主体，培训评价组织是建设主体，通过职业本科学校试点和 1+X 证书试点工作有机融合，可以促进校企合作、产教融合有效深入，还可以深化推进"三教"改革。最后，职业本科试点学校开展 1+X 证书试点工作有利于学校提升人才培养质量，有利于学生提升技能，有利于用人单位选用人才。故无论是培养人才的职业本科试点学校还是作为用人单位，以及学生本人，都是共赢的。

（二）职业本科试点学校对1+X证书制度试点工作的实施

第一，证书选取。职业本科试点学校在证书选取时，一方面要考虑学校开设的专业与 X 证书种类的结合，另一方面对于职业技能等级证书开发的标准要考虑的是初级证书对应中职、中级证书对应高职、高级证书对应职业本科和应用型本科学校。

第二，培训考核设备。在实施过程中，职业本科试点学校虽然自身的实验实训设备条件相对较好，但由于大部分高职专科学校的学生之前考取的是人社部门的职业技能资格证书，实验实训设备条件不一定符合所选取证书的培训考核要求，所以还需新购或改造完善。

第三，书证融通。职业本科试点学校要考虑将 X 证书的职业技能等级标准与试点的专业人才培养方案进行有机融合，教学和培训考核内容两套体系融为一体，尽量不增加负担。

第四，"双师型"教师队伍建设。因为各试点学校专业教师数量有限，专业教师在承担教学任务的同时，在开展 X 证书培训和考核过程中可能还要承担培训师和考核师的角色，这就要求教师再进修。这样虽然提高了教师的职业技能水平，但同时也增加了教师的工作量。

第五，专业群和证书群对接。随着试点证书数量的增多和学校专业发展的需要，一个证书可以对接一个专业群的多个专业试点，一个专业也可以对接多个证书试点，如何实现有效对接，是后续非常重要的研究课题。职业本科试点学校无论是校领导还是普通教师都从认识上接受职业本科改革试点工作的开展，因此，大多数院校都会积极推进1+X证书制度试点工作。

（三）职业本科试点学校对1+X证书制度试点工作的探索

职业本科试点学校虽然认可1+X证书制度试点工作，但在试点过程中仍存有后顾之忧。当前，对于培训评价组织的来历、证书的含金量、企业认可度等方面很难预测，对证书培训评价组织和证书标准与市场的对接情况、开展证书试点工作对促进职业本科试点教学工作的作用等诸多方面有一定的疑虑。当然，也可能存在如教育部明确表示社会培训评价组织是淘汰评价机制，若经过几年的培训考核试点，培训评价组织被淘汰了，被淘汰的评价组织颁发的证书是否会失去价值等问题。

五、职业本科试点学校推进1+X证书制度工作的策略

1+X 证书制度是国家根据当前产业发展形势对职业教育进行一次新的

重大改革。职业本科正是在国家对职业教育进行改革中产生的新事物，总会遇到很多问题。对于试点本科院校来说既有着巨大的压力，同时也是机遇，对提升学校的办学模式、"三教"改革、提升教学质量和促进高质量就业有一定推动作用。试点本科院校作为职业教育改革排头兵，应该从以下几个方面做好实施工作。

（一）充分解读政策，勇于面对改革

试点期间，教师和学生对国家实施1+X证书制度、X证书与现行的职业资格证书的差异等认识不够。对此，试点院校应该加大宣传力度，分别对院系开展宣讲会，深入解读《国家职业教育改革实施方案》。组织1+X证书制度所涉及的试点专业证书说明会，让教师和学生详细了解证书实施的目的和意义。从院领导到学生形成统一的认识，作为国家第一批职业本科改革试点绝对不能等，不能拖。职业本科试点学校的1+X证书制度工作没有任何经验和范例可供参考，只有按照改革方案指导大胆实施。即使实施过程中走了弯路也可作为经验，成功试点学校的相关专业就是标准和案例。

（二）综合校情分析，合理规划设计

新冠病毒疫情发生前，教育部已公布第三批1+X证书制度试点。之后，更多的1+X证书制度试点会陆续公布。从已发布的证书中可见，培训评价组织制定的证书标准不一，证书种类繁多，内容重复交叉。试点院校要根据学校和专业发展定位，规划专业群建设，设置实验实训条件，合理选择证书参与试点，试点期间宜精不宜多。试点院校要总体统筹，合理规划设计，最优化地投入资金和师资，做强做好证书培训等内容。

（三）落实"书证融通"，实现学分互换

国家对职业教育改革中提出加大深度产教融合、校企合作的要求，"书证融通"起到了桥梁作用。试点院校要积极邀请当地企业技术人员对接实施证书的院系专业专家教师，参照学历1的人才培养方案和职业技能等级证书

X 的考核标准进行"会诊"，两者相互融合，制定"校企双标"。试点院校根据试点专业的"双标"，构建一套学分互换系统，实现理论和实践学分互换。

目前，教育部共批准 32 所高职院校升格为本科层次职业学校开展试点工作，这是贯彻落实《国家职业教育改革实施方案》的重要举措，也是满足高层次职业技能型人才社会需求和解决职业教育体系中断层问题的必要手段。职业本科学校试点试什么、怎么试，成为职业本科试点学校和教育界普遍关注的热点问题。推行 1+X 证书制度工作是职业教育改革的一项重要举措，其中包含的内容比较多，涉及的范围也比较广，这些工作需要在实践中不断探索。无论是证书种类选择和内容标准完善，还是课证融通与学分互换等，都面临着诸多的困难和挑战。当然，从当前试点情况来看，职业本科学校积极性比较高，培训评价组织和教育行政部门都在积极推进相关工作。1+X 证书制度试点工作将倒逼职业本科教育的改革，并将促进职业本科学校教育质量的提高，以符合当前社会的人才需求和结构性改革。职业本科学校试点工作与 1+X 证书制度试点工作的有机融合，必将推动职业本科教育的发展和 1+X 证书制度的有效推进。

第六章

高职院校 1+X 证书影响因素及推进策略

第一节 研究方法

分析高职院校 1+X 证书影响的因素及推进的策略可以采用多种研究方法，包括但不限于以下几种。

（一）文献综述

通过搜集、阅读相关文献，了解 1+X 证书的概念、背景、现状、实施效果等，分析推广 1+X 证书的因素及策略，为后续研究提供理论支持和基础。通过文献综述可以了解高职院校 1+X 证书影响因素及推进策略的相关研究现状和发展趋势。根据相关文献的分析，可以得出以下结论。

政策层面的因素：国家政策对高职院校 1+X 证书制度的支持是实施的关键因素之一。政策文件的出台可以促进高职院校积极开展证书培训和认证，同时也可以鼓励学生参与证书考试和获取证书。

教育层面的因素：高职院校要加强学生的职业素养培养，强化实践教学和技能培训，提高学生对 1+X 证书的认知和应用能力。同时，高职院校也需要加强对教师的培训和引导，提高教师对 1+X 证书的认识和应用水平。

行业层面的因素：产教融合是实现高职院校1+X证书有效推广的重要保障。高职院校需要与企业、行业组织等紧密合作，根据市场需求开展相关证书培训和认证，使证书更具有实际应用价值。

推进策略：要实现高职院校1+X证书的有效推广，需要制定相应的策略和措施。例如，建立与行业相关的职业技能标准，推动职业资格证书的互认和转换，建立高职教育和职业教育的衔接机制等。

综上所述，高职院校1+X证书影响因素及推进策略是一个复杂而重要的问题，需要从政策、教育和行业等多个层面来分析和解决。文献综述为相关研究提供了一定的参考和借鉴。

（二）问卷调查

设计并发放针对高职院校学生、教师和用人单位等不同群体的问卷，了解他们对1+X证书的认知、认可度、实际运用情况、对其推广和应用的态度和看法等，分析影响1+X证书推广和实施的因素和策略。

（三）深度访谈

选择一定数量的高职院校学生、教师、用人单位代表等，进行面对面或在线深度访谈，了解他们对1+X证书的认知、认可度、实际应用情况、优劣势、存在问题等，分析1+X证书推广和实施的具体策略和方法。深度访谈对话是一种非常有效的研究方法，可以深入了解被访者的观点和态度。以下是一份设计深度访谈对话的提纲：

1. 介绍自己，说明访谈的目的和意义；

2. 询问被访者对1+X证书的了解程度，是否听说过、了解过、使用过、颁发过等；

3. 探讨被访者对1+X证书的认可度，对该证书的优点、缺点、适用场景、推广前景等；

4. 了解被访者在实际工作或学习中是否使用过1+X证书，使用情况如何，使用效果如何等；

5. 分析被访者对 1+X 证书存在的问题，对于推广和应用该证书的建议和看法；

6. 汇总被访者的观点和建议，分析 1+X 证书推广和实施的具体策略和方法；

7. 结束访谈，感谢被访者的参与。

在具体实施访谈时，应根据被访者的不同身份和背景，针对性地设计问题，充分引导被访者表达自己的看法和经验，确保访谈的深度和有效性。同时，为了保护被访者的隐私，应当遵循保密原则，不泄露被访者的个人信息和观点。

（四）实证研究

基于具体的高职院校或行业实践案例，采用定量或定性的方法，对 1+X 证书实际应用情况、影响因素及推广策略进行实证研究和分析，提出具有可行性的推广和实施措施。实证研究是一种基于实际数据的研究方法，可以有效地评估 1+X 证书的实际应用情况、影响因素及推广策略。以下是一些可能的研究步骤和方法。

研究目标和研究问题：选择一个具体的高职院校或行业，明确研究目标和研究问题，例如，该院校或行业的学生和用人单位对 1+X 证书的认知和应用情况是什么？1+X 证书的推广和应用的关键因素和策略是什么？

收集和整理数据：通过问卷调查、访谈、文献综述等方法，收集和整理与研究问题相关的数据，包括学生和用人单位的基本信息、对 1+X 证书的认知、应用情况、评价和建议等。

分析数据：根据研究问题和收集的数据，采用定量或定性的方法对数据进行分析，例如，通过 SPSS 等软件进行统计分析，或者采用内容分析、案例分析等方法进行定性分析。

研究结果和讨论：根据分析结果，对研究问题进行解释和讨论，例如，分析 1+X 证书实际应用情况和影响因素，分析推广策略的优缺点和适用性，提出改进和优化策略的建议等。

结论和展望：总结研究结论，展望未来的研究方向和应用前景，例如，对于1+X证书的推广和应用，未来可以加强宣传推广、完善证书体系、建立评价机制等方面进行深入研究和实践。

实证研究需要充分考虑样本的代表性和数据的可靠性，避免样本偏差和数据失真的情况。同时，研究过程中需要保护被调查对象的隐私权，确保数据的安全和保密。

以上研究方法可以单独或结合使用，以得出更全面、准确的结论和建议。

第二节　研究过程

（一）阅读相关文献

了解1+X证书的概念、背景和现状，分析影响1+X证书推广的因素及推进策略。阅读相关文献的研究过程主要包括以下几个步骤。

确定研究目标：明确研究的主题和目的，例如，想要了解1+X证书的概念、背景和现状，以及影响1+X证书推广的因素和推进策略。

收集文献：通过学术搜索引擎、图书馆等途径，收集相关文献，包括学术论文、书籍、报告等。可以根据关键词，如1+X证书、"高职院校""职业教育"等进行检索。

筛选文献：对收集到的文献进行筛选，选择与研究目标相关、具有可靠性和权威性的文献进行阅读和分析。筛选的标准可以包括出版时间、文献来源、作者背景等。

阅读和分析文献：对筛选出来的文献进行仔细阅读和分析，把握文献的主要内容和观点，了解1+X证书的概念、背景和现状，以及影响1+X证书推广的因素和推进策略。

撰写文献综述：在阅读和分析文献的基础上，撰写文献综述，总结和归纳已有研究的主要结论和观点，为后续研究提供理论支持和基础。

在具体阅读和分析文献时，可以从以下几个方面进行了解和分析。

1+X 证书的概念和背景：了解 1+X 证书的概念、来源和背景，包括何为 1+X 证书、推出的背景和目的等。

1+X 证书的现状：了解 1+X 证书的推广和应用现状，包括哪些高职院校和行业实行 1+X 证书制度、实施情况如何、取得的成效等。

影响 1+X 证书推广的因素：分析影响 1+X 证书推广和应用的因素，包括政策、人才需求、高职院校和用人单位意愿等。

推进 1+X 证书的策略：根据分析的影响因素，提出相应的推进 1+X 证书的策略。

（二）设计问卷调查

并通过网络或线下方式发放问卷，收集相关数据，分析数据并得出结论。设计问卷调查的步骤如下。

明确调查目的：明确调查的目的，确定需要收集哪些信息和数据，从而制定调查问题和选项。

选择受众群体：选择调查对象，根据目的确定受众群体，并确定问卷发放的途径和方式。

制定问题和选项：设计具体问题，问题应该简洁明了，不含有误导性的内容，选项应该覆盖所有可能的答案，不遗漏任何可能的情况。

确定问卷结构：确定问卷的整体结构，包括问题的顺序、分组和排版等。

测试问卷：在正式发放之前，先进行小规模的测试，确保问题清晰，选项明确，逻辑合理。

发放问卷：根据受众群体和选择的发放方式，进行问卷的发放，可通过网络或线下方式发放。

收集数据：收集问卷数据，进行数据整理和清洗，确保数据的准确性和完整性。

分析数据：通过统计方法，对收集到的数据进行分析，得出结论，并可进行可视化呈现。

撰写报告：根据分析结果，撰写调查报告，呈现调查结论，提出建议和未来发展方向等。

在收集问卷数据时，可以选择在线调查工具，如 Google 表单、问卷星等，也可以选择传统的纸质问卷，再将数据转化为电子形式进行统计分析。需要注意的是，在进行数据分析时，应确保数据的准确性和完整性，避免因数据错误或缺失而导致结论偏差。

问卷调查见附件1.1+X证书问卷调查。

（三）深度访谈

选择部分学生、教师和企业代表进行深度访谈，收集相关数据，分析数据并得出结论。深度访谈是一种质性研究方法，需要选择一定数量的受访者，通过面对面或在线的方式进行深入交流和讨论，以了解其对特定问题的看法和态度。以下是一些步骤和注意事项，可以帮助你进行深度访谈。

确定访谈目标和问题：在进行深度访谈前，需要明确访谈的目标和问题，确定要探讨的主题和范围，以便于制定访谈计划和提出问题。

选择受访者：根据访谈目标和问题，选择一定数量的受访者，通常选择代表性较强的高职院校学生、教师和企业代表等，确保受访者具有一定的经验和知识。

制订访谈计划：根据访谈目标和问题，制定访谈计划，包括访谈的时间、地点、方式、长度、问题和访谈流程等，确保访谈的顺利进行。

进行访谈：在访谈开始前，需要简单介绍访谈目的和流程，获得受访者的同意，并保证访谈内容的保密性。在访谈过程中，需要注意语言和态度的友好和尊重，尽可能引导受访者深入探讨和表达自己的看法和经验。

记录和整理访谈内容：在访谈过程中，需要记录和整理受访者的回答和观点，尽可能详细和准确地记录，以便后续的分析和归纳。

数据分析和结论得出：在完成访谈后，需要对访谈内容进行整理和分析，提取出相关的信息和数据，结合文献综述和问卷调查等其他数据，进行深入的分析和归纳，最终得出结论。

总之，进行深度访谈需要制定明确的访谈目标和问题，选择合适的受访者和制定访谈计划，进行友好和尊重的访谈过程，记录和整理访谈内容，最终通过数据分析得出结论。

（四）提出相应的建议和措施

根据问卷调查和深度访谈的结果，结合文献综述，进一步分析影响1+X证书推广的因素及推进策略，并提出相应的建议和措施。根据问卷调查、深度访谈，以及文献综述的结果，可以提出以下建议和措施。

提高1+X证书的知名度和认可度：高职院校可以通过宣传、推广等方式提高1+X证书的知名度和认可度，让更多的学生和用人单位了解1+X证书的重要性和价值。

丰富1+X证书的内容和类别：高职院校可以根据市场需求和行业发展情况，不断丰富1+X证书的内容和类别，让其更加符合市场需求和行业发展趋势。

加强1+X证书的培训和考核：高职院校可以加强对1+X证书的培训和考核，提高学生对证书的认知度和掌握度，确保学生在毕业后能够顺利获得证书。

建立1+X证书的有效评价体系：高职院校可以建立科学、公正的1+X证书评价体系，对证书的获得和运用进行评价，提高证书的使用价值和市场竞争力。

加强与用人单位的合作：高职院校可以加强与用人单位的合作，了解其对1+X证书的需求和看法，针对性地开设相关课程和培训，提高学生的就业竞争力。

建立1+X证书使用情况的追踪和反馈机制：高职院校可以建立1+X证书使用情况的追踪和反馈机制，了解证书的实际应用情况和效果，不断优化推广策略和方法。

综上所述，高职院校应该根据市场需求和行业发展趋势，不断优化1+X证书的内容和类别，加强对证书的培训和考核，建立有效的评价体系和追踪机制，并与用人单位加强合作，提高证书的使用价值和市场竞争力。

（五）撰写研究报告

总结研究结论和推荐措施，为高职院校 1+X 证书推广和实施提供参考。研究报告是研究者对所做研究的全面总结和分析。下面是撰写研究报告的一般步骤。

标题页：包括研究题目、作者、机构、日期等基本信息。

摘要：对研究的目的、方法、结果和结论进行简要概述，使读者能够迅速了解研究的主要内容和结论。

目录：列出研究报告中各章节的标题和页码，便于读者查找。

研究背景：介绍 1+X 证书的背景、意义和现状，引出研究的目的和问题。

文献综述：对相关文献进行综述，总结前人的研究成果和发现，分析现有研究的不足和不确定性，明确研究的理论基础和研究思路。

研究方法：介绍研究采用的方法和数据来源，包括问卷调查和深度访谈等方法的具体设计和实施过程。

结果分析：对问卷调查和深度访谈的数据进行整理、分析和解释，从不同角度和层面探讨 1+X 证书的认知、认可度、实际应用情况、优劣势、存在问题等，总结影响 1+X 证书推广的因素及推进策略。

结论：在对结果分析的基础上，对研究问题进行全面、准确的回答，阐明研究的贡献和局限性，明确进一步研究的方向和重点。

推荐措施：根据研究结果和结论，提出相应的推荐措施，为高职院校 1+X 证书推广和实施提供参考。

参考文献：列出研究过程中所引用的文献，遵循相应的引用规范和格式。

附录：包括问卷调查和深度访谈的具体内容和数据等相关资料。

总之，研究报告需要结合研究目的、方法、数据和分析，对问题进行深入、全面、准确地探讨和回答，提出具有针对性和可操作性的推荐措施。

第三节　影响因素分析

一、政策环境

政策的制定和落实是影响高职院校 1+X 证书推广和实施的重要因素。政策的支持、引导和监管可以有效促进高职院校 1+X 证书的推广和实施。政策环境对于高职院校 1+X 证书的推广和实施起着至关重要的作用。以下是一些可能影响高职院校 1+X 证书的政策因素。

（一）教育政策

国家和地方政府的教育政策对于高职院校 1+X 证书的推广和实施有着重要的影响。例如，政府对于职业技能人才的培养和评价制度的规定和支持，可以为高职院校推广 1+X 证书提供重要的政策支持。教育政策对高职院校 1+X 证书的影响主要体现在以下几个方面。

政策倡导和支持：随着国家对人才培养质量要求的提高，教育政策对于高职院校 1+X 证书的倡导和支持越来越明显。国务院办公厅印发了《关于促进高等职业教育内涵式发展的意见》，提出支持高职院校开展 1+X 证书制度，并对其实施提供政策支持。

教育标准的调整：教育政策的调整对高职院校 1+X 证书的实施有一定影响。例如，国家职业资格标准的调整可以使得相关职业资格证书被纳入 1+X 证书的范畴，从而增强 1+X 证书的可靠性和权威性。

资金支持和优惠政策：教育政策的资金支持和优惠政策也可以对高职院校 1+X 证书的实施产生积极影响。例如，各级政府可以通过财政资金支持高职院校开展 1+X 证书制度的实施，或者为持有 1+X 证书的毕业生提供就业创业方面的优惠政策。

总之，教育政策在高职院校1＋X证书的推广和实施中起着重要作用，政策的积极倡导和支持、教育标准的调整，以及资金支持和优惠政策都可以为高职院校1＋X证书的推广和实施提供有力的保障和支持。

（二）职业教育政策

职业教育政策对于高职院校1＋X证书的推广和实施也有着不可忽视的作用。政府可以通过制定相关的职业教育政策，鼓励学生获得1＋X证书，并为企业提供相关的奖励和优惠政策。职业教育政策对于高职院校1＋X证书的推广和实施具有很大的影响。

一方面，职业教育政策为高职院校提供了政策支持和保障，例如，国家发布的《职业教育改革实施方案》，明确提出要推进高等职业教育现代化，加强高等职业教育质量和能力的提升，并提出要鼓励和支持高等职业院校开设1＋X证书课程。

另一方面，职业教育政策的具体要求和标准也会对高职院校1＋X证书的推广和实施产生影响。例如，职业教育政策要求高职院校的教学质量和教学资源必须符合一定的标准，这就要求高职院校在推广和实施1＋X证书课程时必须保证课程质量和教学资源的充足性。

总的来说，职业教育政策对于高职院校1＋X证书的推广和实施起着重要的引导和支持作用，同时也对于高职院校的教育质量和教学资源提出了更高的要求和标准。

（三）用人单位政策

用人单位的政策和需求也会对高职院校1＋X证书的推广和实施产生影响。例如，如果某个行业的用人单位更加看重1＋X证书，高职院校就会更加倾向于在该行业中推广1＋X证书。用人单位的政策和招聘要求直接影响着高职院校学生对1＋X证书的认可度和实际应用情况。以下是一些具体影响。

职业资格证书的要求：在用人单位招聘时，可能会优先考虑具备相关职业资格证书的人员。如果1+X证书所对应的职业资格证书在用人单位中具有更高的认可度和优先性，那么学生们就会更积极地学习和申请该证书。

绩效考核：一些用人单位会将职业资格证书列入绩效考核的指标之一。这就促使员工必须获得相关证书才能得到更高的职业发展和薪资待遇，而1+X证书的出现可以为员工提供更多获得职业资格证书的途径，增加他们获得证书的机会。

招聘标准：用人单位的招聘标准和岗位要求直接影响到学生们对1+X证书的认知和认可度。如果用人单位在招聘时将1+X证书作为一项重要的招聘标准之一，那么学生们就会更加关注和重视该证书，进而提高该证书的认可度。

培训计划：一些用人单位会为员工制定个性化的培训计划，帮助他们提升职业能力和获得相关的职业资格证书。如果这些培训计划中包含1+X证书的培训内容，那么学生们也会更有动力去学习和申请该证书。

综上所述，用人单位的政策和招聘要求对1+X证书的推广和实施具有重要的影响。高职院校应该积极与用人单位沟通和合作，了解他们的需求和要求，将1+X证书与用人单位的招聘和培训计划相结合，进一步推广该证书的应用。

（四）人才评价机制

人才评价机制也会对高职院校1+X证书的推广和实施产生影响。例如，如果某个行业的人才评价机制更加看重1+X证书，高职院校也会更加倾向于在该行业中推广1+X证书。人才评价机制是指通过对人才的能力、素质、经验等方面进行评价，以确定其在职场上的竞争力和地位。对于高职院校的学生来说，人才评价机制也是影响其1+X证书推广和实施的重要因素之一。

人才评价机制对于用人单位的招聘和选拔决策起着至关重要的作用。一些用人单位会根据求职者所持有的证书和荣誉来评估其在职场上的竞争力和能力，因此1+X证书的认可度和声誉也将直接影响到用人单位的评价标准和决策。

人才评价机制对于高职院校的培养目标和课程设置也有一定的影响。高职院校为了培养符合人才评价机制的人才，可能会将相关的能力和素质作为教学目标，并调整课程设置，使其更符合用人单位的需求和评价标准。

人才评价机制还可能影响到学生的学习动机和学习态度。如果学生认为 1+X 证书在人才评价机制中占有重要地位，那么他们将更加积极地学习和获取相关证书，提高自己在职场上的竞争力。

对于高职院校来说，建立科学、公正的人才评价机制，将有助于提高 1+X 证书的认可度和影响力，促进其推广和实施。同时，也需要高职院校和用人单位加强沟通和合作，共同制定符合市场需求和人才评价机制的培养目标和课程设置，为学生提供更好的职业发展机会。

（五）社会认可度

社会认可度是影响高职院校 1+X 证书推广和实施的另一个关键因素。如果社会对 1+X 证书有着很高的认可度，高职院校就会更加倾向于推广和实施该证书，因为这有助于提升学生就业竞争力和学校的声誉。高职院校 1+X 证书的社会认可度对其推广和实施至关重要。社会认可度的高低决定了学生、教师和用人单位对 1+X 证书的接受程度和使用意愿。

社会认可度与证书的权威性有关。如果社会公众普遍认为 1+X 证书的权威性不足，那么学生和教师对于该证书的认可度也会相应降低，用人单位在招聘时也不会将其作为重要的参考因素。

社会认可度还与用人单位的认可度和需求有关。如果用人单位对于 1+X 证书的认可度较高，且在实际用人中有较高的需求，那么学生和教师自然会更愿意去获得该证书，同时高职院校也会更积极地推广和实施 1+X 证书。

社会认可度还与证书本身的内容和质量有关。如果 1+X 证书所提供的技能和能力符合社会需求，并且证书的质量得到了社会公众的认可，那么社会认可度自然也会相应提高。

在推广和实施 1+X 证书时，需要注重提高其社会认可度。具体措施可以包括加强与用人单位的合作,根据用人单位的需求制定相应的证书内容和标准,增加证书的权威性和可信度,同时加强对公众的宣传和教育,提高社会公众对于1+X证书的认知和认可度。

二、学校资源

高职院校1+X证书的推广和实施需要大量的人力、物力和财力支持。学校资源的充足与否直接影响了1+X证书的推广和实施效果。学校资源是指学校拥有的物质、人力、财力和信息等资源。这些资源对于1+X证书的推广和实施效果具有重要的影响。以下是学校资源对1+X证书推广和实施效果影响的深入分析。

(一)人力资源

人力资源是推广和实施1+X证书的核心。高职院校需要具备一定的教师和学生规模,以确保能够覆盖更多的专业和学生群体。此外,学校还需要具备一支高素质、专业化的师资队伍,能够为学生提供专业化的教育、培训和指导,促进学生1+X证书的获得。如果学校人力资源不足,将会影响1+X证书的推广和实施效果。学校人力资源是影响高职院校1+X证书推广和实施效果的重要因素之一。

教师素质:教师是高职院校1+X证书推广和实施的重要力量,其素质将直接影响到1+X证书的推广效果。教师需要具备相应的教学能力、实践能力、科研能力和管理能力,才能在1+X证书的推广中发挥积极作用。因此,学校需要加强教师的培训和管理,提高教师的专业水平和教学能力,增强其推广1+X证书的自信心和热情。

专业设置和课程设置:学校的专业设置和课程设置是1+X证书推广和实施的重要基础。只有学校的专业设置和课程设置与1+X证书紧密结合,才能更好地促进1+X证书的推广和实施。因此,学校需要根据市场需求和用人单位的需求,合理设置专业和课程,同时与1+X证书紧密结合,形成专业课程体系，提高1+X证书的认可度。

学校组织架构和管理体制：学校的组织架构和管理体制是1+X证书推广和实施的重要保障。学校需要建立健全的组织架构和管理体制，明确责任分工，保证1+X证书推广工作的顺利进行。同时，学校需要加强对1+X证书的推广宣传，增强师生对1+X证书的认知和认可度，为1+X证书的推广和实施奠定坚实的基础。

学生培养机制：学生是1+X证书推广和实施的重要参与者和受益者。学校需要建立科学的学生培养机制，注重学生的实践能力和创新能力的培养，提高学生的综合素质和竞争力。同时，学校需要加强对1+X证书的宣传和推广，让学生了解1+X证书的重要性和优势，增强其对1+X证书的认可度和热情，为1+X证书的推广和实施提供坚实的人力资源。

（二）物质资源

物质资源是推广和实施1+X证书的重要基础。高职院校需要具备较好的基础设施和教学资源，包括实验室、图书馆、电脑室等教学设施。这些设施和资源将直接影响到1+X证书的教学和培训质量，对于学生的学习效果和证书的获得具有重要的影响。

学校物质资源是指学校拥有的各种物品和设备，如教学楼、实验室、图书馆、计算机等。这些资源对高职院校1+X证书的推广和实施效果也有着重要的影响。

教学楼和实验室是教学的重要场所，是进行1+X证书相关课程培训和实践操作的必要场所。如果学校的教学楼和实验室设备老旧、不齐全，那么学生学习的效果将会受到影响，难以适应现代化职业教育的需求。

图书馆和计算机等设备也是学校物质资源中不可或缺的一部分，可以为学生提供必要的学习资源和信息。如果学校的图书馆藏书不足、计算机设备老旧，那么学生的学习和研究条件将会受到限制，难以获取最新的信息和技术。

物质资源还包括学校的经费和资金支持。如果学校缺乏足够的经费和资金支持，1+X 证书的推广和实施将会受到制约，难以开展相关培训和实践活动。

因此，为了促进高职院校 1+X 证书的推广和实施效果，学校需要合理规划物质资源，加强设备更新和维护，提高图书馆藏书质量，增加计算机等现代化设备，保障经费和资金投入。这些措施可以提高学校的教学质量和竞争力，为学生提供更好的职业教育培训服务，进而促进高职院校 1+X 证书的推广和实施。

（三）财务资源

财务资源是推广和实施 1+X 证书的必要条件。高职院校需要投入一定的财力来购置教学设备、培训教师和学生、开展宣传等工作。如果学校的财务状况不好，将会影响到 1+X 证书的推广和实施效果。

学校财务资源对于 1+X 证书的推广和实施效果有着重要的影响。在推广和实施 1+X 证书的过程中，需要对证书的考试费用、证书发行费用、教学资源、教材及教辅材料等方面进行充分的投入和保障。如果学校财务资源不足，将难以为学生提供充足的教学资源，也难以承担证书考试费用和发行费用，这将制约 1+X 证书的推广和实施。

学校需要加强财务管理，优化财务资源配置，为 1+X 证书的推广和实施提供充足的经费支持。

1. 加强财务规划和管理，制定合理的预算计划和资金管理制度，确保 1+X 证书推广和实施所需的经费得到充分保障。

2. 寻求多元化的经费来源，如申请国家级、省级、市级及行业相关的资助项目，吸引社会力量参与到 1+X 证书推广和实施中。

3. 加强与企业合作，通过与企业合作，争取企业的资金支持，共同推进 1+X 证书的实施。

4. 加强财务监管和风险控制，确保资金使用合法合规，杜绝浪费和滥用的情况发生，降低财务风险，保证学校经费的安全性和稳定性。

通过加强财务资源的管理和保障，学校可以更好地推进 1+X 证书的推广和实施，提高学生的综合素质和就业竞争力。

（四）信息资源

信息资源是推广和实施1+X证书的关键。高职院校需要利用各种渠道获取和分享1+X证书的相关信息，包括政策法规、获得证书的条件和要求、证书对于学生就业的优势等方面的信息。学校需要建立信息共享平台，让学生和教师能够及时获取和分享相关信息，促进1+X证书的推广和实施效果。学校信息资源包括信息技术设备、网络资源、信息系统和管理平台等。这些资源对于高职院校1+X证书的推广和实施效果也有重要影响。

信息技术设备和网络资源的配备程度，对于学生在线学习、考试和证书申领的顺利进行至关重要。如果学校的设备和网络条件不足，学生可能无法及时地在线学习和参加考试，这将影响1+X证书的推广和实施效果。

信息系统和管理平台的建设，可以帮助学校管理1+X证书的推广和实施。学校可以通过信息系统和管理平台进行课程安排、考试管理、证书申领等工作，提高管理效率和准确性，从而提升1+X证书的推广和实施效果。

学校信息资源的透明度和公开程度也影响着学生和用人单位对1+X证书的认可和信任度。如果学校可以通过信息平台公开证书的申领和颁发情况，那么可以增强学生和用人单位的信任感，提高证书的认可度和价值。

因此，学校信息资源的配备程度、信息系统和管理平台的建设，以及信息资源的透明度和公开程度，都是影响1+X证书推广和实施效果的关键因素之一。

综上所述，学校资源对于1+X证书的推广和实施效果具有重要的影响。高职院校应该充分利用学校资源，提高教师和学生的专业水平和技能，打造更好的教学设施和教学环境，提高学校财务。

三、学生需求

学生的需求是高职院校1+X证书推广和实施的基础。只有满足学生实际需求，才能促进 1+X 证书的推广和实施。学生对 1+X 证书的需求可以从以下几个方面来考虑。

（一）就业竞争力提升

学生希望通过获得 1+X 证书来提升自己的就业竞争力，增加被用人单位录用的机会。学生就业竞争力的提升是推广和实施 1+X 证书的重要目的之一，因为 1+X 证书能够提高学生的职业素养和实践能力，增强其在就业市场上的竞争力。因此，高职院校需要重视学生的就业需求，通过 1+X 证书的推广和实施来满足学生对于提升就业竞争力的需求。

具体来说，高职院校可以通过以下措施来满足学生就业竞争力的需求。

扩大 1+X 证书的覆盖面：高职院校可以根据学生的专业和就业方向，推广相关的 1+X 证书，提高学生在就业市场上的竞争力。

增加实践机会：高职院校可以通过举办实习、实训、创新创业等活动，为学生提供更多的实践机会，增强其职业素养和实践能力。

加强就业指导：高职院校可以通过开设就业指导课程、组织就业招聘活动等方式，帮助学生了解就业市场的需求和趋势，提高其就业竞争力。

提高 1+X 证书的知名度和认可度：高职院校可以通过宣传 1+X 证书的重要性和作用，提高其在就业市场的知名度和认可度，进一步提升学生的就业竞争力。

通过以上措施，高职院校可以更好地满足学生对于提升就业竞争力的需求，促进 1+X 证书的推广和实施。

（二）实用性强

学生需要证书能够真正帮助他们提高实际工作能力，具备实用性。要提高 1+X 证书的实用性强，可以从以下几个方面入手。

优化证书设置。根据用人单位的需求，结合市场需求和就业形势，对证书设置进行优化和更新，增加与实际工作相关的技能和知识点。同时，要关注行业发展趋势，及时更新证书内容，确保证书的时效性。

加强实践教学。在教学中注重实践，提高学生的实际操作能力，让学生在模拟真实场景下进行实践操作，提高技能水平和实际应用能力。同时，可以与用人单位合作，为学生提供更多实践机会，让学生在实践中不断提高自己的能力。

提供职业规划和就业指导。通过开展职业规划课程和就业指导，帮助学生了解自己的职业定位和职业规划，同时提供与市场需求相符合的就业信息，让学生更好地了解自己的职业发展方向，提高其就业竞争力。

建立评价体系。建立完善的证书评价体系，对证书的考核标准、考核内容、考核方式等进行明确规定，让学生知道自己的学习目标和考核标准，同时提高证书的权威性和可信度，增强用人单位对证书的认可度。

（三）转换能力

学生希望证书能够帮助他们更好地适应不同岗位、不同行业，具备转换能力。要提高1＋X证书的转换能力，可以从以下几个方面入手。

提高学生的专业能力和综合素质：高职院校应加强对学生的职业技能培养，提高学生的实践能力和创新能力，培养学生的综合素质，使其具备更好的职业竞争力和适应力。

推动教育与产业融合：高职院校应积极与用人单位、行业协会等建立合作关系，通过实习、实训等方式增加学生的工作经验，提高学生的实践能力和转换能力。

加强指导和咨询服务：高职院校可以建立专门的指导和咨询服务机构，为学生提供个性化的职业规划指导和职业咨询服务，帮助学生更好地了解职业市场和行业发展趋势，提高转换能力。

提高学生的终身学习意识：高职院校应培养学生的终身学习意识，鼓励学生积极参加职业培训和学习，不断提升自己的职业素质和转换能力。

加强与社会的联系：高职院校应积极参与社会活动，了解社会需求和行业发展趋势，将这些信息反馈给学生，帮助他们更好地了解职业市场和职业规划，提高转换能力。

（四）学习兴趣

学生对证书所涉及的知识和技能感兴趣,希望通过获得证书来满足自己的学习兴趣和需求。要提高学生的学习兴趣,可以采取以下措施。

制定生动有趣的课程安排:在课程的设计和教学中,可以融入生动有趣的案例、故事等元素,激发学生的兴趣,提高学习的效果。

提供多元化的学习资源:除了传统的教材和课堂教学,还可以提供多样化的学习资源,如网络课程、实践项目、社会实践等,让学生能够从不同的角度进行学习,更好地掌握知识和技能。

鼓励学生参与实践:实践是学习的重要环节,可以通过开展各种实践活动,如实验、调研、实习等,让学生亲身参与,增强他们的学习兴趣和动力。

建立良好的学习氛围:学习氛围是影响学生学习兴趣的重要因素之一,可以通过各种途径建立一个积极向上的学习氛围,如鼓励学生互相学习、交流、分享等,让学生感到学习是一件愉快的事情。

着重培养学生兴趣爱好:兴趣是学习的最好动力,学校可以通过各种方式,如开设兴趣小组、组织兴趣活动等,帮助学生发掘和培养自己的兴趣爱好,从而提高学习兴趣和动力,推动1+X证书的推广和实施。

（五）成本效益

学生希望证书的获得过程成本低廉,而且证书对他们的职业发展有实际的收益。1+X证书是指学生在完成职业技能培训的同时,获得一定的学分和职业资格证书。为了提升1+X证书的推广和实施,以下是一些建议,可以帮助减少学生的投入成本并增加受益效益。

提供免费或补贴的培训课程:政府可以通过资助培训机构或企业来降低学生参加培训的成本,或者提供免费的培训课程。这可以吸引更多的学生参加职业技能培训,并增加1+X证书的受益效益。

建立课程和职业资格证书的衔接机制:政府和企业可以合作建立职业资格证书与培训课程的衔接机制,让学生在参加培训的同时也能够获得一定的职业资格证书。这样可以提高学生的职业竞争力，同时也可以为企业提供更多的人才。

增加1＋X证书的知名度：政府可以通过多种宣传手段，如广告、媒体报道等，来宣传1＋X证书的收益和优势，让更多的人了解1＋X证书，并鼓励他们参加培训和获得证书。

设立奖励机制：政府可以设立1＋X证书的奖励机制，如提供资金或奖金等，来鼓励学生参加职业技能培训和获得证书。这样可以提高学生参与的积极性和主动性，同时也可以提高证书的推广和实施效果。

建立培训和就业对接机制：政府可以与企业合作，建立培训和就业对接机制，将学生培训的需求和企业用人的需求相匹配。这样可以提高学生获得就业的机会，同时也可以为企业提供更多的优质人才。

综上所述，提升1＋X证书的推广和实施需要政府、企业和社会各方的共同努力。通过降低学生的投入成本和增加受益效益，提高证书的知名度，设立奖励机制和建立培训和就业对接机制，可以吸引更多的学生参加培训和获得证书，提高证书的实施效果。

四、用人单位认可度

用人单位对高职院校 1＋X 证书的认可度直接影响学生的就业和 1＋X 证书的推广和实施。用人单位认可度的提高可以有效促进 1＋X 证书的推广和实施。要提高用人单位对1＋X证书的认可度，可以考虑以下几点。

（一）加强与用人单位的合作

与用人单位建立紧密的合作关系，通过与用人单位的交流合作，了解用人单位的需求，进而根据用人单位的需求设置培训目标和课程内容，让学生所学的技能更加贴合实际用人单位的需求。为了进一步推广和实施1＋X证书，需要加强与用人单位的合作。具体而言，可以从以下几个方面入手。

加强沟通，了解用人单位的需求：建立用人单位和职业培训机构之间的沟通机制，了解用人单位对人才的实际需求，以便调整1+X证书的培训内容和考核标准。同时，还可以邀请用人单位参与制定职业资格标准、编制职业技能鉴定标准、制定培训计划等活动，进一步提高证书的实用性。

提高证书的可信度和权威性：加强证书的管理和监管，采用科学的考核方式和标准，确保证书的真实性和可信度。建立健全的考核机制和评估体系，对证书的颁发进行审核和监督，保证证书的权威性。

推广证书的应用：鼓励用人单位将1+X证书作为职业发展的必要证书，将其作为薪酬晋升的重要参考依据，进一步推广证书的应用。同时，还可以将证书作为用人单位招聘和选才的重要参考依据，推广证书的应用范围。

加强宣传，提高知名度：采用多种宣传手段，提高1+X证书的知名度和认可度，如在宣传材料中详细介绍证书的培训内容、考核标准和实际应用，同时还可以在各类职业教育和招聘会上开展推广活动，吸引更多人关注证书。

建立合作机制：与用人单位建立长期合作机制，建立企业与职业培训机构的合作桥梁，共同推动1+X证书的普及和实施。通过开展合作项目、提供专业服务等方式，增强合作双方的互信和互利，提升证书的实际价值和应用效果。

综上所述，加强与用人单位的合作是推广和实施1+X证书的重要途径。通过加强沟通、提高证书可信度和权威性、推广证书应用、加强宣传和建立合作机制等方式，可以进一步提升证书的知名度、实用性和应用价值，促进职业教育和人才培养的有效对接，为提高劳动者的职业素养和用人单位的用人质量提供有力支撑。

（二）宣传1+X证书的收益和优势

通过多种宣传手段，如广告、媒体报道等，让更多的用人单位了解1+X证书的收益和优势，如证明学生具备一定的职业能力和技能、提高招聘效率等。1+X证书是职业教育领域的一项重要举措，对于提升劳动者的职业素养和职业技能，提高用人单位的用人质量具有重要作用。为了进一步推广和实施 1+X 证书，需要加强宣传，提高证书的知名度和认可度，使更多的人了解证书的收益和优势。具体而言，可以从以下几个方面入手。

证书的收益和优势：针对不同群体，宣传证书的受益和优势。对于学生来说，可以宣传 1+X 证书能够提升他们的职业素养和职业技能，提高就业竞争力，同时还可以为未来的职业发展打下坚实基础。对于用人单位来说，可以宣传证书能够帮助他们更加准确地评估求职者的实际能力和技术水平，提高用人单位的用人质量和效益。

宣传材料：制作各种宣传材料，包括宣传海报、宣传单页、宣传手册等，详细介绍证书的培训内容、考核标准和实际应用。宣传材料应该具有易懂、生动、具有针对性的特点，能够吸引目标群体的注意力，增强宣传效果。

网络平台宣传：利用各种网络平台进行宣传，包括官方网站、微信公众号、知乎、微博等，借助网络的广泛传播效应，扩大证书的影响力和知名度。

推广活动：在各类职业教育和招聘会上开展推广活动，吸引更多人关注证书。活动形式可以多样化，包括演讲、讲座、展览、培训等，通过实际案例和经验分享，展示证书的实际应用效果和收益。

示范工程：建立 1+X 证书的示范工程，邀请行业内优秀企业和职业培训机构参与，展示证书的培训成果和应用效果。这将有助于提高证书的知名度和信誉度，吸引更多人参与证书的培训和考核。

综上所述，加强宣传是提升 1+X 证书推广和实施的重要手段。通过全方位、多渠道的宣传，提高证书的知名度和认可度，让更多人了解证书的收益和优势，从而吸引更多人参与证书的培训和考核，推动证书的实际应用和推广。在宣传中需要注重突出证书的实际应用效果和收益，让人们更加直观地了解证书的意义和作用。同时还需要建立完善的反馈机制，及时收集和反馈各方面的意见和建议，进一步提高证书的品质和效果。通过这些举措，可以有效提升 1+X 证书的推广和实施，为劳动者的职业发展和用人单位的用人质量提供有力支持。

（三）设立奖励机制

政府可以设立1+X证书的奖励机制，如提供税收或其他优惠政策等，来鼓励用人单位招聘持有1+X证书的人员。设立奖励机制是提升1+X证书的推广和实施的重要手段。通过奖励机制，可以激励更多的人参与证书的培训和考核，提高证书的普及率和认可度，从而进一步推广证书的实际应用。以下是一些设立奖励机制的具体方法和建议。

证书认证和授予制度。在劳动者获得1+X证书后，用人单位可以授予荣誉证书或加薪、晋升等奖励，以表彰其职业技能水平的提升和对企业发展的贡献。

建立"学习奖励"机制。企业可以根据劳动者参加证书培训的情况，给予一定的学习补贴或奖金，以激励劳动者积极学习提升职业技能水平。

建立"用人单位推荐奖励"机制。企业可以根据劳动者参加证书培训后在工作中的表现，给予推荐奖励或推荐信，以提高劳动者的职业竞争力和用人单位的知名度和影响力。

建立"劳动者互助奖励"机制。企业可以鼓励员工相互学习和帮助，通过建立技能交流平台、知识共享机制等方式，激发员工学习的积极性和参与度，提高整个团队的职业技能水平。

建立"社会公益奖励"机制。企业可以通过参与社会公益活动、开展志愿服务等方式，为劳动者提供机会，不仅提高了劳动者的社会责任感和荣誉感，同时也可以为企业树立良好的社会形象，提高企业的社会认可度和美誉度。

以上是一些设立奖励机制的具体方法和建议，企业可以根据自身情况和实际需求，灵活地设计和实施相关奖励机制，以提高1+X证书的推广和实施，为企业和劳动者的共同发展创造更多的机会和价值。

（四）开展推广活动

组织推广活动，如招聘会、展览会等，向用人单位展示1+X证书的优势和收益，并介绍培训机构的培训课程和教学质量。开展推广活动是提升1+X 证书的推广和实施的有效手段。通过各种宣传活动、推广策略和营销手段，可以吸引更多的人参与证书的培训和考核，提高证书的知名度和认可度，进一步推广证书的实际应用。以下是一些开展推广活动的具体方法和建议。

利用社交媒体平台进行宣传。通过微博、微信、抖音等社交媒体平台发布相关信息和宣传视频，提高证书的知名度和认可度，并吸引更多人参与证书的培训和考核。

利用网络直播平台进行推广。通过网络直播平台进行直播推广，可以吸引更多的人关注和参与，同时可以进行实时互动和答疑解惑，提高参与者的学习效果和体验。

组织线下宣传活动。可以组织线下的宣传活动，如学习交流会、论坛讲座、技能比赛等，吸引更多的人参与证书的培训和考核，并进一步提高证书的知名度和认可度。

利用广告宣传进行推广。可以在电视、报纸、地铁等广告媒体上发布证书的广告宣传，以提高证书的知名度和认可度，并吸引更多人参与证书的培训和考核。

利用奖学金等激励措施进行推广。可以设立奖学金、助学金等激励措施，吸引更多的人参与证书的培训和考核，并进一步提高证书的实际应用效果和推广度。

以上是一些开展推广活动的具体方法和建议，企业可以根据自身情况和实际需求，灵活设计和实施相关推广活动，以提高1+X 证书的推广和实施，为企业和劳动者的共同发展创造更多的机会和价值。

（五）建立证书认证机制

政府可以建立证书认证机制，建立权威的认证机构，为用人单位提供权威认证服务，确保 1+X 证书的质量和可信度。建立证书认证机制是提升1+X 证书的推广和实施的重要手段。一个健全的认证机制可以增加证书的权威性和可信度，提高企业和用人单位对证书的认可度，进而促进证书的推广和实施。以下是一些建立证书认证机制的具体方法和建议。

制定严格的认证标准和流程。制定具有权威性的认证标准和流程，包括证书的培训、考核、评估和颁发等环节，确保证书的质量和认证的严谨性。

建立独立的认证机构。建立独立的认证机构，负责证书的认证和评估，确保认证的公正性和权威性。

加强监督和管理。加强对认证机构的监督和管理，确保认证机构的独立性和严格执行认证标准和流程。

完善证书查询和公示机制。建立证书查询和公示机制，使用人单位和个人可以查询证书的真实性和有效期，提高证书的可信度和权威性。

建立证书有效期限制机制。建立证书有效期限制机制，规定证书的有效期限和认证更新标准，确保证书的及时更新和持续有效。

综上所述，提高用人单位的认可度需要政府、企业和社会各方的共同努力。通过与用人单位的合作、宣传证书的收益和优势、设立奖励机制、开展推广活动和建立证书认证机制，可以增加用人单位对1+X证书的认可度和接受度，进一步提升1+X证书的推广和实施效果。

五、教师专业能力

教师的专业能力是高职院校1+X证书推广和实施的关键因素之一。教师的专业能力的提升可以有效促进1+X证书的推广和实施。随着社会和经济的快速发展，职业教育的地位和重要性日益增加。为了提高职业教育的质量和水平，许多高职院校开始推广和实施1+X证书制度。该制度旨在为学生提供更具针对性和实用性的技能培训，以提高他们的职业竞争力。

然而，1+X证书制度的推广和实施并不是一件容易的事情。教师的专业能力是成功实施该制度的关键因素之一。下面是教师的专业能力如何有效促进1+X证书的推广和实施的深度论述。

（一）设计和开发课程

教师是高职院校 1+X 证书制度推广和实施的主要实施者。他们应该具有足够的专业知识和技能，以设计和开发符合市场需求的课程。教师需要深入了解所教授的专业领域，以及该领域的市场需求和趋势。然后，他们可以基于这些信息设计课程，包括理论知识和实践技能，以确保学生学到的技能与市场需求相符合。随着 1+X 证书制度的推行，教师需要针对不同的学生群体设计和开发课程，以帮助学生更好地实现个性化、多元化的学习目标。以下是教师如何设计和开发课程，有效促进 1+X 证书的推广和实施途径。

1. 理解 1+X 证书的意义和作用

在设计和开发课程之前，教师需要充分理解 1+X 证书的意义和作用。这一制度是指在学生获得专业学位证书的同时，可以额外获得一定数量的其他技能证书，以展现个人的多元技能。教师需要了解这一制度的背景、目的和对学生的影响，以便能够更好地为学生设计和开发课程。

2. 了解学生的需求和兴趣

为了满足学生的需求和兴趣，教师需要了解学生的个性化学习目标和职业发展方向。这样可以为学生提供更加符合实际需求的课程，并能够帮助学生在不同的领域获得更多技能证书。

3. 结合实际情况设计课程

在设计和开发课程时，教师需要结合实际情况进行综合考虑。例如，考虑学生的时间和精力限制，以及教师自身的教学能力和教学资源。教师还需要考虑到不同学生的实际情况和背景，为学生提供更加个性化的教学服务。

4. 设计灵活多样的课程形式

为了有效促进 1+X 证书的推广和实施，教师需要设计灵活多样的课程形式。例如，可以采用课程自主选择制，让学生选择符合自己实际需求的课程。此外，还可以采用在线学习、线下课堂教学、实习实训等不同形式，以便学生能够更好地获得技能证书。

5. 与相关机构合作

为了有效推广和实施1+X证书制度，教师可以与相关机构合作，例如，与技能培训机构、职业协会、企业等合作，为学生提供更加实用的技能培训和实践机会，为学生的职业发展做出更大的贡献。

教师需要充分理解1+X证书的意义和作用，了解学生的需求和兴趣，结合实际情况设计课程，设计灵活多样的课程形式，以及与相关机构合作，才能更好地促进1+X证书的推广和实施。同时，教师还需要注重课程的实效性和实用性，注重学生的实际应用能力和职业发展，为学生的未来发展提供更加全面和多元化的支持。除此之外，教师还需要关注评价机制的建立和完善，为学生提供公平公正的评价标准，鼓励学生积极参与1+X证书的获得，推动1+X证书制度的不断完善和发展。

（二）评估和监控学生的学习进度

教师还需要评估和监控学生的学习进度。教师应该了解学生的学习能力和特点，以便提供适当的支持和指导。他们还应该使用有效的评估工具和方法，以评估学生的学习成果和技能水平。如果学生的学习进度不符合预期，教师需要及时采取措施来纠正问题并提供必要的支持。随着1+X证书制度的推行，教师需要能够有效地评估和监控学生的学习进度，以便及时发现问题和改进教学策略，从而更好地促进1+X证书的推广和实施。以下是教师如何评估和监控学生的学习进度，有效促进1+X证书的推广和实施的深度论述。

1. 设计可衡量的学习目标

为了评估和监控学生的学习进度，教师需要在课程设计中设置可衡量的学习目标。这些目标可以包括知识、技能和态度等方面，同时需要具体、明确、可操作和可测量。这样可以为教师提供有效的评估标准，同时也可以帮助学生更好地理解自己的学习目标和进度。

2. 使用多种评估方法

为了更全面、客观和准确地评估学生的学习进度，教师需要使用多种评估方法。这些方法可以包括考试、作业、项目、口头表达、实验、演示等多种形式，以便全面了解学生的学习情况和能力发展。

3. 及时反馈和纠正

为了有效监控学生的学习进度，教师需要及时反馈和纠正学生的学习情况。例如，通过定期的作业、考试、测验等方式向学生反馈其学习成果，同时及时发现学生的学习问题和困难，并针对性地提供帮助和指导。

4. 灵活调整教学策略

为了更好地促进1+X证书的推广和实施，教师需要灵活调整教学策略。例如，根据学生的实际情况和需求，适时调整课程难度和内容，提供更具挑战性和实用性的教学内容。此外，教师还需要及时了解行业动态和趋势，为学生提供最新的知识和技能培训。

5. 建立健全的管理机制

为了更好地监控学生的学习进度，教师需要建立健全的管理机制。例如，建立学生档案，记录学生的学习情况和成果；建立教学数据分析系统，对学生的学习进度进行全面、系统的分析和评估；建立课程反馈机制，收集学生和教师的意见。

（三）提供实践机会和资源

教师还应该为学生提供实践机会和资源。学生需要在真实的工作环境中应用所学知识和技能。教师可以与行业合作伙伴合作，为学生提供实践机会和资源，例如，实习、实训和项目。这些实践机会和资源可以帮助学生更好地理解所学内容，并为未来的职业做好准备。

教师提供实践机会和资源对于1+X证书的推广和应用具有重要的影响。以下是一些具体的分析。

1. 提供实践机会

教师可以通过组织实践活动、实验、实训等方式，为学生提供与1+X证书相关的实践机会。通过实践，学生可以更深入地了解证书所涉及的知识和技能，掌握实践应用的能力，提高证书考试的成功率。教师可以通过自身的专业经验和资源，为学生提供实践机会，并指导学生如何进行实践和掌握实践技能。

2. 提供资源支持

教师可以通过提供教材、资料、软件等资源，为学生提供必要的支持和帮助。这些资源可以帮助学生更好地理解证书所涉及的知识和技能，为证书考试做好准备。同时，教师还可以提供一些特殊的资源支持，如实验设备、实训场所等，以帮助学生进行实践训练，掌握实践技能。

3. 提供个性化指导

教师可以通过提供个性化指导，帮助学生更好地应用1＋X证书。教师可以根据学生的兴趣、专业和职业发展方向，提供个性化的指导和建议，帮助学生更好地应用证书，并在职业发展中得到更好的发展机会。同时，教师还可以提供个性化的考试准备指导，帮助学生在考试中取得更好的成绩。

4. 推广实践经验

教师可以通过推广学生的实践经验和应用案例，来促进1＋X证书的推广和应用。学生通过实践活动和项目实践，可以获得实际应用证书所涉及的知识和技能的机会，并且在实践过程中形成了具有较强可操作性的经验和案例。

5. 建立合作机制

教师可以与企业、行业协会等建立合作机制，为学生提供更多的实践机会和资源支持。通过与企业合作，学生可以接触到实际的工作环境和工作流程，掌握实际应用证书所涉及的知识和技能，并在实践中获得更多的经验和机会。同时，与行业协会合作，可以了解行业发展趋势和技能要求，为学生提供更好的职业规划和发展建议。

6. 提供培训和指导

教师可以通过提供培训和指导，帮助学生更好地应用1＋X证书。教师可以提供一些培训课程，帮助学生深入理解证书所涉及的知识和技能，并掌握实践应用的能力。同时，教师还可以提供一些考试准备指导，帮助学生在考试中取得更好的成绩。

7. 推广证书文化

教师可以通过推广证书文化，提高学生对1＋X证书的认知和重视程度。教师可以通过讲授证书知识、分享证书获得经历和优秀案例，以及举办证书培训和考试活动，来促进证书文化的传播和推广。同时，教师还可以利用证书文化的影响力，来鼓励学生更加积极地学习和考取证书。

综上所述，教师提供实践机会和资源支持对于1＋X证书的推广和应用具有重要的影响。除此之外，教师还可以通过建立合作机制、提供培训和指导，以及推广证书文化等方式，来促进1＋X证书的应用和推广。

（四）与行业保持紧密联系

教师应该与所教授领域的行业保持紧密联系。他们应该了解该领域的市场需求和趋势，并相应地调整课程和教学方法。教师还可以邀请行业专家来到课堂，向学生介绍最新的技术和趋势。这可以帮助学生更好地了解行业现状和未来的发展方向，为他们的职业生涯做好准备。教师与行业保持紧密联系对于1＋X证书的推广和应用具有重要的影响。

1. 了解行业需求

教师与行业保持紧密联系可以更好地了解行业的发展趋势和技能要求，为教育教学提供更加科学合理的指导。教师可以通过与行业内的专家、企业和行业协会等建立联系，了解最新的技术和行业动态，及时调整课程设置和教学内容，以适应行业的发展需要。通过与行业的互动，教师可以更好地指导学生，使学生掌握实际应用技能，从而更好地为社会和行业作出贡献。

2. 提供实践机会

教师与行业保持紧密联系可以更好地为学生提供实践机会。教师可以通过与行业内的企业和机构合作，为学生提供实践机会和工作经验，帮助学生在实践中掌握应用技能和解决实际问题的能力。在实践过程中，学生可以更好地了解行业内的工作流程和标准，提高自己的专业水平，从而更好地适应行业需求。

3. 建立行业合作

教师与行业保持紧密联系可以建立长期的合作关系，为学生提供更多的资源支持。教师可以与行业内的企业和机构合作开展项目，为学生提供更多的机会，使学生能够在实践中掌握相关知识和技能。通过与行业的合作，教师可以将学生的学习与实际应用结合起来，使学生更好地应对实际工作和职业生涯发展。

4. 提高学生就业竞争力

教师与行业保持紧密联系可以提高学生的就业竞争力。在实践过程中，学生可以掌握更多的实际应用技能和解决问题的能力，提高自己的专业水平，从而增加就业机会。同时，通过与行业的互动，学生可以更好地了解行业内的工作需求和招聘流程，从而更好地进行职业规划和求职准备。

综上所述，教师与行业保持紧密联系对于1+X证书的推广和应用具有重要的影响。教师可以通过了解行业需求、提供实践机会、建立行业合作，以及提高学生就业竞争力等方面，帮助学生更好地掌握实际应用技能，更好地适应行业的需求，从而推动1+X证书的应用和推广。具体来说，教师可以通过以下几个方面来加强与行业的联系。

加强与行业内的专家、企业和机构的联系，了解最新的技术和行业动态，及时调整课程设置和教学内容，以适应行业的发展需要。

通过与行业内的企业和机构合作，为学生提供实践机会和工作经验，帮助学生在实践中掌握应用技能和解决实际问题的能力。

建立长期的合作关系，开展项目合作，为学生提供更多的机会，使学生能够在实践中掌握相关知识和技能。

加强对学生的职业规划和就业指导，了解行业内的工作需求和招聘流程，为学生提供更好的求职支持和服务。

总之，教师与行业保持紧密联系可以为学生提供更好的实践机会和资源支持，帮助学生更好地掌握实际应用技能和解决问题的能力，提高学生的就业竞争力，从而推动1+X证书的应用和推广。

（五）推广和宣传 1 + X 证书制度

教师也可以在课堂上积极推广和宣传 1 + X 证书制度。他们可以向学生介绍该制度的优势和重要性，以及如何通过该制度获得更多的职业发展机会。教师还可以向学生提供有关如何申请和参加 1 + X 证书考试的信息，并为学生提供必要的支持和指导。

1 + X 证书制度是指学生在获得毕业证书的基础上，可以根据自身职业规划和个人能力水平，在特定领域获得多个职业技能证书的制度。对于教育机构和学生而言，这种制度具有很多优点，例如，可以提高学生的职业素养、增加他们的就业竞争力、提高学校教学质量等。然而，要想推广和宣传这种制度，需要教师具备一定的专业能力。

1. 教师需要具备相关的政策法规知识

教师需要了解政府对 1 + X 证书制度的政策法规，包括政策制定背景、政策目的、政策范围、政策要求等方面的内容。这些政策法规知识对于教师来说非常重要，因为只有了解这些知识，才能够更好地推广和宣传这种制度，让更多的学生和家长了解和认同。

2. 教师需要具备相关的教学知识和能力

教师需要具备相关的教学知识和能力，包括教学设计、教学方法、教学评价等方面的能力。这些能力是教师能够成功推广和宣传 1 + X 证书制度的关键因素，因为只有通过有效的教学设计和教学方法，才能够让学生深刻理解这种制度的意义和价值，进而对其产生认同和兴趣。

3. 教师需要具备积极的推广和宣传意识

教师需要具备积极的推广和宣传意识，包括积极主动地宣传这种制度、发挥自身的影响力和人际关系等方面的能力。只有通过积极的宣传和推广，1 + X 证书制度才能够得到更广泛的认同和接受。

总之，要想通过教师专业能力推广和宣传 1 + X 证书制度，教师需要具备相关的政策法规知识、教学知识和能力，以及积极的推广和宣传意识。只有通过这些方面的努力和提升，才能够更好地推广和宣传这种制度，促

进学生的综合素质和职业发展。总之，教师的专业能力是高职院校 1+X
证书推广和实施的关键因素之一。通过设计和开发课程、评估和监控学生
的学习进度、提供实践机会和资源、与行业保持紧密联系，以及推广和宣
传 1+X 证书制度等措施，教师可以有效促进 1+X 证书的推广和实施，为
学生提供更具针对性和实用性的技能培训，以提高他们的职业竞争力。

六、学生意识和素质

学生意识和素质是高职院校 1+X 证书推广和实施的重要因素。学生对
1+X 证书的认知、认可和实际运用情况，直接影响 1+X 证书的推广和实施
效果。

1+X 证书制度是一种重要的教育制度，它可以帮助学生在校期间获得
更多的职业技能证书，提高他们的就业竞争力。然而，要想让这种制度得到
更广泛的推广和宣传，需要学生具备积极的意识和优秀的素质。

（一）学生需要具备职业规划和发展意识

学生需要具备职业规划和发展意识，明确自己未来的职业目标和发展方
向。只有了解自己的职业规划和发展方向，才能够更好地了解和认同 1+X
证书制度的意义和价值，进而积极参与到这种制度的学习和推广中来。

学生具备职业规划和发展意识对于 1+X 证书制度的宣传和推广有着至
关重要的影响。

1. 学生职业规划和发展意识可以引导其更加了解 1+X 证书制度的意
义和价值

在职业规划和发展过程中，学生需要对自己的职业目标有清晰的认识，
了解自己所需要掌握的职业技能和知识。这时，1+X 证书制度就能为学生
提供一个很好的补充，让他们更快速地获得所需的职业技能和证书。因此，
学生具备职业规划和发展意识，能够更好地理解 1+X 证书制度的意义和价
值，进而更加积极地参与到宣传和推广这种制度的活动中来。

2. 学生职业规划和发展意识可以促使其更加主动地参与到 1＋X 证书制度的学习中来

学生具备职业规划和发展意识，意味着他们对自己未来职业发展的重视和认真对待。这种认真和重视的态度也会在学生参与1＋X证书制度的学习中得到体现，使得学生更加主动地参与到这种制度的学习和实践中来。这也能够有效地推动这种制度的宣传和推广。

3. 学生职业规划和发展意识可以增加1＋X证书制度的影响力和认可度

学生具备职业规划和发展意识，能够更好地认识到1＋X证书制度对于自己职业发展的重要性，进而更能够在职业领域中展现出自己的专业能力和优势。这种情况下，学生的实际表现能够增加1＋X证书制度的影响力和认可度，推动更多的人关注和认可这种制度。

总之，学生具备职业规划和发展意识对于1＋X证书制度的宣传和推广具有重要的作用。学生能够更好地了解和认同这种制度的意义和价值，进而更加积极地参与到宣传和推广这种制度的活动中来。这将有效地推动这种制度的普及和推广，让更多的人受益于这种制度。

（二）学生需要具备学习能力和创新意识

学生需要具备学习能力和创新意识，能够不断学习和掌握新的知识和技能。只有具备这种能力和意识，才能够更好地适应不断变化的职业市场和职业需求，进而更好地利用1＋X证书制度提高自己的职业竞争力。

1. 学生学习能力和创新意识可以促进其更好地掌握 1＋X 证书制度所需的知识和技能

学生具备学习能力和创新意识，可以更快速地掌握1＋X证书制度所需的知识和技能，进而更加顺利地获得相应的证书。学习能力和创新意识使得学生更具有钻研精神和动手能力，更能够将所学知识应用到实践中，更有可能成为1＋X证书制度的佼佼者。这样，学生能够充分发挥自己的优势，进而更加有效地推动1＋X证书制度的宣传和推广。

2. 学生学习能力和创新意识可以帮助其积极参与 1+X 证书制度的学习和实践

学生具备学习能力和创新意识,会更加积极地参与到1+X证书制度的学习和实践中来。这种积极的态度会带动更多的学生加入进来,从而形成一个良好的推广局面。此外,这种积极的态度也能够激励学生探索和创新,更好地应用所学知识,形成更加丰富和全面的证书体系。

3. 学生学习能力和创新意识可以增加 1+X 证书制度的认可度和影响力

学生具备学习能力和创新意识,能够更好地掌握1+X证书制度所需的知识和技能,进而在职场中表现更加优秀。这样,学生的实际表现能够增加1+X 证书制度的认可度和影响力,推动更多的人参与到这种制度的学习和实践中来。这将进一步扩大1+X证书制度的影响力和推广效果。

总之,学生具备学习能力和创新意识对于1+X证书制度的宣传和推广具有重要的作用。学生能够更好地掌握和应用所学知识,更加积极地参与到宣传和推广这种制度的活动中来,进而进一步增强1+X证书制度的认可度和影响力。因此,学校和教师应该在教学过程中,注重培养学生的学习能力和创新意识,同时也要将1+X证书制度的重要性和优势进行充分的宣传和推广,让更多的学生认识到这种证书制度的价值,从而更加积极地参与到其中来。

此外,学生还应该加强自身的自我管理和规划能力,明确自己的职业发展目标和规划,从而更好地规划自己的证书学习和实践,提高学习和实践的效率,更好地推广和宣传1+X证书制度。同时,学生还应该加强沟通和交流能力,与他人分享自己的学习和实践成果,从而扩大证书制度的影响力和推广效果。学生具备学习能力和创新意识对于1+X证书制度的宣传和推广具有重要的影响。学生的积极参与和表现将有力推动证书制度的宣传和推广工作,进而增强证书制度的认可度和影响力,更好地服务于学生的职业发展和就业需求。

（三）学生需要具备社会责任感和团队协作精神

学生需要具备社会责任感和团队协作精神，能够积极参与到社会和团队中去。只有具备这种精神，才能够更好地理解1+X证书制度的社会意义和价值，进而积极参与到推广和宣传这种制度的活动中来，发挥自己的影响力和作用。

1. 学生需要具备积极的社会责任感

认识到自己是社会的一分子，要承担起为社会做出贡献的责任。这种责任感可以体现在学生参加社会公益活动、关注社会问题、保护环境等方面。在证书制度的宣传和推广过程中，学生的积极参与和表现可以展现出他们的社会责任感，使得证书制度更容易被广泛认可和接受。

2. 学生需要具备团队协作精神

懂得如何与他人合作，与他人沟通和协调，共同完成任务。这种精神可以体现在学生参加团队项目、课堂合作、参与竞赛等方面。在证书制度的学习和实践过程中，学生的团队协作精神可以帮助他们更好地完成任务，同时也能促进证书制度的宣传和推广。

3. 学生还需要具备责任感和创新精神

有责任感和使命感，将自己的行为和决策与他人和社会利益相结合，同时也要具备创新意识，不断寻求新的方法和思路解决问题。这种特质可以体现在学生的创业、创新项目、志愿者活动、科技竞赛等方面。这些特质也能够在证书制度的学习和实践过程中得到体现，为证书制度的宣传和推广提供更好的支持和保障。

4. 学生还需要具备沟通能力和领导才能

能够清晰地表达自己的意见和想法，并理解他人的观点。同时，他们还需要能够在团队中扮演领导角色，协调各方面的工作，并推动团队向前发展。这种能力可以体现在学生的演讲、辩论、领导力培养等方面。在证书制度的学习和实践过程中，学生的沟通能力和领导才能可以帮助他们更好地参与团队合作，并推动证书制度的宣传和推广。

5. 学生还需要具备批判性思维和问题解决能力

能够独立思考，发现和解决问题，并能够进行系统化和批判性思考。这种能力可以体现在学生的科研项目、创新竞赛、模拟联合国等方面。在证书制度的学习和实践过程中，学生的批判性思维和问题解决能力可以帮助他们更好地理解证书制度的意义和价值，并将其应用于实际生活中。

综上所述，学校和教师应该注重培养学生的社会责任感和团队协作精神，可以通过组织社会实践、课堂合作、志愿者活动、竞赛等方式，让学生体验团队协作和社会责任感的重要性。同时，学生也需要自身努力培养和展现这些特质，为1+X证书制度的宣传和推广作出自己的贡献。这样，学生的社会责任感和团队协作精神将有助于提高证书制度的认可度和影响力，更好地为学生的职业发展和就业需求服务，同时也更好地服务于社会。学生需要具备多方面的素质和能力，才能更好地支持1+X证书制度的宣传和推广。这些素质和能力包括社会责任感、团队协作精神、沟通能力、领导才能、批判性思维和问题解决能力等。学校和教师可以通过多种途径培养学生这些素质和能力，例如组织实践活动、提供课程培训、参加竞赛等。这样，学生的多方面素质和能力将有助于推广1+X证书制度，并为学生的职业发展和就业需求提供更好的支持和保障。

总之，学生的意识和素质对于1+X证书制度的宣传和推广具有重要的影响。只有学生具备职业规划和发展意识、学习能力和创新意识，以及社会责任感和团队协作精神，才能够更好地理解和认同这种制度的意义和价值，进而积极参与到宣传和推广中来。

七、行业需求

行业对人才的需求是高职院校1+X证书推广和实施的重要影响因素。行业对1+X证书的认可度、需求量和专业设置，直接影响1+X证书的推广和实施效果。

（一）调研行业趋势

需要对当前行业发展趋势、政策变化、市场需求等方面进行深入了解。可以查阅相关报告、行业分析，关注行业的新闻、讨论和趋势，以及与行业相关的企业、组织和协会的发布的公告和信息。通过对这些信息的了解，可以更好地了解行业的变化和需求。

收集和分析行业数据：可以查阅相关报告、行业分析，了解行业的规模、增长趋势、市场需求等方面的信息。可以通过行业分析报告、商业数据库、行业协会等途径获取相关数据，分析数据变化和趋势，掌握行业的整体情况。

关注行业新闻和趋势：可以关注行业的新闻、讨论和趋势，了解最新的发展动态和变化趋势。可以通过行业网站、行业博客、社交媒体等途径获取相关信息，关注行业领袖的言论和观点，以及与该行业相关的政策和法规的变化。

与行业专家和从业人员交流：可以与从事该行业的专业人士、企业雇主和组织成员交流，了解行业的内部情况和趋势。可以通过职业咨询、实习、校企合作等途径建立联系，参加行业研讨会和论坛，了解行业内部的工作流程、技术要求、管理方式等方面的信息。

研究行业的未来发展趋势：可以根据现有数据和趋势，分析行业的未来发展趋势，并进行预测和推断。可以考虑行业的技术变革、市场趋势、政策影响等方面的因素，预测行业的未来变化趋势，以便制定相应的1+X证书计划和推广策略。

与企业合作开展研究：可以与行业内的企业合作，开展研究和调研，了解企业的需求和问题。可以参与企业的项目和研究，了解企业的业务流程和技术要求，为1+X证书计划的制定提供实际的参考和支持。

总之，调研行业趋势是制定1+X证书计划和推广策略的基础，需要进行全面的数据收集和分析，关注行业的动态和趋势，与行业专家和从业人员建立联系，进行未来发展趋势的预测和推断，并与企业合作开展研究，为1+X证书制度的推广和应用提供可靠的依据和支持。

（二）与行业相关的人员交流

可以与从事该行业的专业人士、企业雇主和组织成员交流，了解行业对人才的需求和要求。可以通过职业咨询、实习、校企合作等途径，建立联系，了解行业内部的工作流程、技术要求、管理方式等方面的信息。要影响1+X证书制度的推广和应用，与行业相关人员的交流是至关重要的。以下是一些方法，可以与行业相关人员进行交流，并了解其需求和意见。

参加行业会议和活动：参加行业会议和活动是了解行业趋势和发展方向的好方法。在这些会议和活动中，可以与行业相关人员进行交流，了解他们对1+X证书制度的看法和需求。

联系行业协会和组织：与行业协会和组织建立联系，可以更好地了解行业的发展情况和趋势。可以参加这些协会和组织组织的行业研讨会和讲座，并与行业相关人员进行交流。

进行问卷调查：通过设计和发布问卷调查，可以更好地了解行业相关人员对1+X证书制度的看法和需求。可以在社交媒体、论坛或其他适当的渠道发布调查，并积极宣传，以吸引更多的受访者。

与行业内的专家交流：与行业内的专家进行交流，可以了解行业内的最新趋势和技术。通过与他们交流，可以更好地了解行业需求和1+X证书制度在行业中的应用。

总之，通过与行业相关人员进行交流，可以更好地了解行业需求和趋势，并制定更适合行业发展的1+X证书制度宣传和推广策略。

（三）分析相关职业的技能要求

可以通过分析与该行业相关的职业技能要求，来确定需要哪些1+X证书。例如，在信息技术领域，需要具备的技能可能包括计算机编程、数据库管理、网络安全等方面，可以参考该领域的相关认证考试来制定相应的1+X证书计划。要影响1+X证书制度的推广和应用，分析相关职业的技能要求是至关重要的。以下是一些方法，可以帮助分析相关职业的技能要求，并为

1＋X证书制度的推广和应用提供指导。

研究行业职业标准：了解相关职业的技能要求，可以从行业职业标准入手。通过研究行业职业标准，可以了解相关职业所需的技能、知识和能力，并分析这些要求是否与1＋X证书制度相匹配。

进行市场调研：市场调研是了解相关职业的技能要求的有效方法。可以通过在线调查、面对面访谈或焦点小组等方式，了解相关职业的从业者对技能要求的看法和需求，并分析这些要求是否与1＋X证书制度相匹配。

了解行业发展趋势：了解行业的发展趋势，可以帮助预测相关职业的未来技能要求。例如，随着人工智能技术的发展，某些职业可能需要更多的数据分析和机器学习技能。通过了解这些趋势，可以提前规划和推广相应的1＋X证书制度。

与相关职业从业者交流：与相关职业的从业者交流，可以帮助了解他们对技能要求的看法和需求，并了解他们如何使用和看待1＋X证书制度。通过与他们交流，可以更好地了解相关职业的技能要求，并提供更符合市场需求的1＋X证书制度。

总之，通过分析相关职业的技能要求，可以更好地了解市场需求和趋势，并为1＋X证书制度的推广和应用提供指导。

（四）制定1＋X证书计划

根据行业需求和分析结果，制定符合行业需求的1＋X证书计划。需要确定各个证书的考核标准、考试科目、培训内容和培训时间等方面的信息。可以借鉴其他成功的案例，或者与行业专家、企业合作，以确保制定的计划符合实际需求。要制定1＋X证书计划，以影响1＋X的推广和应用，以下是一些方法。

确定目标受众：制定1＋X证书计划的第一步是确定目标受众。不同的人群可能需要不同的证书计划，因此需要考虑目标受众的职业、教育背景、技能水平等因素。例如，学生、职业人士和企业家可能需要不同类型的证书计划。

分析市场需求：了解市场需求是制定 1+X 证书计划的关键。市场需求的分析包括了解行业技能要求、预测未来技能需求和了解潜在用户的需求等方面。通过市场需求的分析，可以制定更符合市场需求的 1+X 证书计划。

设定课程目标和学习路径：制定 1+X 证书计划的下一步是确定课程目标和学习路径。课程目标应该与市场需求和目标受众相符合，学习路径应该是合理和实用的。制定清晰的课程目标和学习路径可以帮助学生更好地理解证书计划的价值和作用。

确定教学内容和教学方法：制定 1+X 证书计划的关键是确定教学内容和教学方法。教学内容应该覆盖相关技能和知识，教学方法应该灵活和多样化。例如，课堂讲授、案例分析、实践操作和在线学习等都可以作为教学方法。

设计评估和认证机制：要制定 1+X 证书计划，必须设计评估和认证机制。评估和认证机制应该包括学生学习成果的评估和证书的认证。评估和认证机制应该具有可信度和可靠性，以便让学生和用人单位相信证书的价值。

综上所述，要制定 1+X 证书计划，需要确定目标受众、分析市场需求、设定课程目标和学习路径、确定教学内容和教学方法，以及设计评估和认证机制。通过制定符合市场需求的证书计划，可以有效影响 1+X 证书制度的推广和应用。

（五）宣传和推广 1+X 证书计划

需要制定合适的宣传和推广计划，向学生和雇主宣传该计划的意义和优势。可以通过学校、社交媒体、招聘会等途径进行宣传，同时也需要向行业内的企业和组织宣传该计划的价值和作用，以获得更多的支持和认可。要宣传和推广 1+X 证书计划，需要采取多种方法，涵盖不同的渠道和媒介。以下是一些可能有助于推广 1+X 证书计划的方法。

1. 在校园内和校外的宣传

学校和大学可以通过海报、传单、展板等宣传资料在校园内宣传 1+X

证书计划。此外，学校可以与当地企业和组织合作，利用他们的网络和资源来扩大计划的知名度。

2. 利用社交媒体

社交媒体平台（如微信、微博、LinkedIn 等）是向大众传递信息的重要渠道。学校和大学可以利用这些平台发布宣传材料，例如，图片、视频、文章和故事等。通过与学生、教师、校友和相关组织的互动，可以帮助 1+X 证书计划得到更多的曝光。

3. 与行业组织合作

与相关行业组织合作可以为 1+X 证书计划提供更多的曝光和信誉。这些组织可以提供专业建议和支持，帮助学校和大学更好地满足行业的需求。

4. 举办研讨会和培训课程

举办研讨会和培训课程是推广 1+X 证书计划的一种有效方式。这些课程可以吸引那些对该行业有兴趣的人们，提供实用的技能和知识，同时也可以宣传该计划的好处和优势。

5. 与学生和教师交流

了解学生和教师的需求和反馈，可以帮助改进 1+X 证书计划，并确保它的质量和有效性。学校和大学可以通过与学生和教师的交流，帮助他们了解计划的好处，鼓励他们积极参与。

6. 利用口碑和推荐

口碑和推荐是一种非常有力的宣传方式。学校和大学可以在 1+X 证书计划中提供高质量的课程和培训，以赢得学生和教师的信任和支持，并通过他们的口碑和推荐来宣传和推广该计划。

总之，要影响 1+X 的推广和应用，需要通过深入了解行业需求，制定符合需求的 1+X 证书计划，并进行有效的宣传和推广，从而使该计划更好地适应行业发展需求，为学生和行业提供更多的价值。

第四节　1+X证书推进策略

高职院校1+X证书推进策略如下。

一、加强宣传推广

高职院校需要积极宣传1+X证书的意义和价值，以增加学生、教师和用人单位的认知和认可度，鼓励更多的学生参加1+X证书考试。1+X证书是指职业技能等级证书和相关职业能力证书的组合，其中职业技能等级证书是核心，相关职业能力证书则根据职业特点、企业需求和人才市场需求进行选择。该证书的推广旨在提高国民职业素质，增强人才培养质量，推动职业教育与产业结合，推进人才培养与经济社会发展有效衔接。

为了加强宣传推广，推进1+X证书，可以采取以下措施。

（一）建立宣传推广机制

要加强组织领导，成立宣传推广工作领导小组，建立相关部门协作机制，制定具体工作方案和任务分工，确保宣传推广工作有计划、有重点、有针对性。

（二）加强宣传推广力度

通过多种形式开展宣传推广活动，如举办1+X证书推广咨询会、职业技能等级证书和相关职业能力证书的技能大赛、技能培训班等，利用新媒体、微信公众号、短视频、宣传画册等手段广泛传播1+X证书的知识和应用。

（三）扩大宣传推广渠道

除了传统媒体宣传外，可以向高校、中小学、职业培训机构、企业、工会、行业协会等各个方面拓展宣传推广渠道，通过建立1+X证书官方网站、技能人才服务平台等数字化平台，提供在线申报、查询和评价等服务，让更多人了解1+X证书。

（四）增强宣传推广内容的针对性

要根据不同的受众特点，制定不同的宣传推广方案和内容，比如对于高中生，可以强调1+X证书与高考加分政策的关系，对于职业教育学生和职场人员，可以突出1+X证书在职业发展和薪酬待遇方面的优势。

（五）建立完善的考核评价制度

对于1+X证书的推广，要建立相应的考核评价制度，通过对参与1+X证书申报和取得证书的单位和个人进行评价，对积极推广、取得成效的单位和个人进行表彰，对于未能达到预期效果的单位和个人进行督促整改和指导帮助，确保1+X证书推广工作的质量和效果。

（六）加强与企业合作

要积极与企业合作，了解企业对人才的需求，结合企业实际情况，选择和推广符合企业需求的相关职业能力证书，加强与企业的沟通交流，推进职业教育与产业结合，推动人才培养与经济社会发展有效衔接。

总之，要充分认识1+X证书的重要意义和推广价值，加强组织领导和协调，采取多种措施扩大宣传推广渠道和力度，不断完善推广工作的各项制度和机制，提高1+X证书的认知度和应用程度，为提高国民职业素质和培养高素质人才作出积极贡献。

二、完善考试制度

高职院校需要制定明确的考试制度和流程，规范证书考试的安排和管理，以确保证书考试的公正、公平和规范。

1+X证书是一种将职业技能等级证书和相关职业能力证书结合起来的证书，是当前推进职业教育与产业结合、推动人才培养与经济社会发展有效衔接的重要举措之一。完善考试制度是推进1+X证书的重要手段，下面将从考试内容、考试形式、考试标准、考试监管四个方面探讨如何完善考试制度，推进1+X证书的实施。

（一）考试内容

考试内容是考试制度中最为关键的部分。要完善考试制度，需要针对职业特点、企业需求和人才市场需求，制定合理的考试内容。具体来说，可以从以下几个方面入手。

职业技能等级证书考试内容要与相关职业能力证书相衔接，确保职业技能等级证书考试内容能够全面反映职业技能水平，相关职业能力证书考试内容能够有效提升职业能力水平。

考试内容要紧密贴合职业需求，注重职业技能的实际应用，同时也要关注职业伦理和职业素养等方面的考核。

考试内容要及时更新，与行业发展、技术更新同步，确保考试内容具有实用性和前瞻性。

（二）考试形式

考试形式也是推进1+X证书的重要组成部分。要完善考试制度，需要选择适宜的考试形式。具体来说，可以从以下几个方面入手。

考试形式要多样化，可以采用笔试、面试、实操等多种形式，使考试内容能够全面、深入地反映职业技能和能力水平。

考试形式要符合职业实际情况，遵循职业标准和规范，确保考试结果客观、公正、准确。

考试形式要与考试内容相适应，注重实际操作、模拟情景等方面的考核，从而有效提升职业能力水平。

（三）考试标准

考试标准是考试制度中最为核心的部分，也是推进1+X证书的重要保障。要完善考试制度，需要制定科学、严格的考试标准。具体来说，可以从以下几个方面入手。

考试标准要严格，符合职业标准和规范，确保考试结果客观、公正、可信。考试标准应该与职业标准和规范相一致，确保考试内容和难度与实际职业工作相符合。同时，要建立科学的评分标准，确保评分过程公正、客观、可靠，避免主观性和个人偏见的影响。

考试标准要灵活，适应职业发展的变化和需求。职业领域的变化和发展日新月异，考试标准也应该随之灵活调整，以适应不同职业领域的需求。同时，还需要根据不同阶段的人才培养目标制定不同的考试标准，让学生在不同的阶段能够掌握不同的职业技能和能力，满足不同职业领域的需求。

考试标准要实用，与实际职业工作紧密结合。考试标准应该更加注重职业技能和职业能力的实际应用，与实际职业工作紧密结合。考试内容应该更加注重实践操作，让学生能够真正掌握职业技能和职业能力，能够在实际职业工作中得到应用。

考试标准要公开透明，便于评价和改进。考试标准应该公开透明，让学生和社会公众能够了解考试内容和评分标准，便于对考试质量进行评价和改进。同时，考试结果也应该公开透明，让学生和社会公众了解自己的职业能力和水平，便于就业和职业发展。

总之，完善考试制度是推进 1+X 证书的重要保障，需要制定科学、严格、灵活、实用、公开透明的考试标准，确保考试质量和考试结果的客观性、公正性、可靠性。同时，还需要建立健全的考试管理和监督机制，确保考试制度的有效实施和质量改进。

三、强化教师培训

高职院校需要加强教师的培训和能力建设，提高教师的 1+X 证书认知和指导能力，以更好地指导和帮助学生参加证书考试。

教师培训是推进 1+X 证书的重要环节，只有教师具备相关的职业技能和能力，才能更好地指导学生学习，促进学生的职业素养提升。为了强化教师培训，推进1+X证书，可以从以下几个方面入手。

（一）制定专业化的培训计划

为了提高教师的职业技能和能力，需要制定专业化的培训计划，将职业技能等级证书和相关职业能力证书的相关知识和技能纳入培训范畴。培训计划应该具体明确，包括培训的内容、时间、地点、培训方式等，还可以制定教师参加1+X证书考试的激励政策，增强教师学习的积极性。要推进1+X证书的发展，需要制定专业化的教师培训计划，提高培训机构和教师的教学水平和服务质量。

1. 制定适宜的教学计划

要根据市场需求和学员需求制定适宜的教学计划，制定课程目标和教学大纲，并明确教学内容和教学方法。在制定教学计划时，应该注重培养学员的实践能力和创新能力，提高其在实践中应用所学技能的能力和水平。

2. 加强师资队伍建设

要加强师资队伍建设，选派具备一定教学经验和实践能力的教师进行教学，同时还应该提供教学方法和教学技巧的培训，提高教师的教学水平和服务质量。

3. 采用多种教学方法

要采用多种教学方法，包括讲授、讨论、案例分析、实践操作等方式，通过不同的教学方法来激发学员的学习兴趣和积极性，提高教学效果和学习效率。

4. 建立考核机制

要建立科学合理的考核机制，通过考试、实践操作、项目实训等方式来全面考核学员的技能和知识水平，确保教学质量和培训效果。

5. 进行教学评估

要进行教学评估，对教学质量和培训效果进行评估和反馈，及时进行调整和改进，提高教学质量和服务水平。

总之，要制定专业化的教师培训计划，推进1+X证书的发展，需要注重培训机构和教师的专业化和实践能力，加强师资队伍建设，采用多种教学方法，建立考核机制和教学评估机制。只有这样，才能提高1+X证书的含金量和就业竞争力，推动其在市场中的发展。

（二）提供多样化的培训方式

为了满足不同教师的需求，需要提供多样化的培训方式。可以采用线下授课、在线学习、视频教学、研讨会等方式，让教师有更多的选择和机会，同时也可以提高培训的覆盖率和效果。此外，培训机构应该具备一定的实践经验和资源，为教师提供优质的教育资源和实践机会，增强教师职业技能的实践能力。为了推进1+X证书的发展，需要提供多样化的培训方式，满足不同学员的需求，以下是几点具体的建议。

1. 线上培训

在互联网技术不断发展的时代，线上培训已经成为一种非常受欢迎的培训方式。培训机构可以开设线上课程，提供丰富多彩的学习资源，包括在线视频、在线直播、在线课件等。通过线上培训，学员可以随时随地学习，灵活方便。

2. 线下培训

线下培训是传统的培训方式，培训机构可以在教室、实验室等场所开展培训活动，提供面对面的教学服务。通过线下培训，学员可以与教师进行深入交流，亲身体验实践操作，增强学习效果。

3. 混合式培训

混合式培训是将线上培训和线下培训相结合的培训方式。通过混合式培训，学员可以在线上学习知识和技能，同时在线下进行实践操作和课堂互动，提高学习效果和学习体验。

4. 移动学习

移动学习是指通过移动设备（如手机、平板电脑）进行学习的方式。培训机构可以开发移动学习应用，提供随时随地的学习服务，让学员能够利用碎片化的时间进行学习。

5. 定制化培训

定制化培训是针对特定的学员需求，为学员提供量身定制的培训服务。培训机构可以根据学员的职业需求、学习能力和兴趣爱好等因素，为学员量身打造培训方案，增强培训效果和学习体验。

总之，要推进1+X证书的发展，需要提供多样化的培训方式，满足不同学员的需求。通过线上培训、线下培训、混合式培训、移动学习、定制化培训等多种方式，为学员提供丰富多彩的学习体验和学习资源，从而提高1+X证书的含金量和就业竞争力，推动其在市场中的发展。

（三）建立评价机制，监督培训效果

教师培训的最终目的是提高教师的职业技能和能力，促进1+X证书的推广和实施。因此，需要建立评价机制，监督培训效果。可以通过定期考核、学习成果展示、实际操作等方式，对教师培训效果进行评估。同时，也可以建立教师档案，记录教师参加培训的情况和学习成果，为教师职业发展和绩效评价提供参考依据。建立评价机制和监督培训效果是推进1+X证书的发展非常重要的环节。

1. 建立评价指标体系

需要建立一个科学、合理的评价指标体系，包括学员学习成果、教学质量、培训效果、学员满意度等多个方面。同时，要针对不同的证书类型，设计相应的评价指标体系，确保评价体系与证书类型相匹配。

2. 制定评价标准和流程

建立评价标准和流程是监督培训效果的关键环节。培训机构需要制定详细的评价标准和流程，明确评价标准的分值和权重，确保评价过程的公正、透明和科学。

3. 定期评估和监测

定期评估和监测是确保评价机制和监督培训效果有效性的重要手段。培训机构需要定期对学员进行评估和监测，包括学习成果、教学质量、培训效

果、学员满意度等方面的评价。同时，也需要对培训机构和教师进行评估和监测，以确保教学质量和服务水平。

4. 充分利用大数据和人工智能技术

充分利用大数据和人工智能技术是提高评价效率和准确性的重要手段。通过收集和分析大量的学习数据和学员反馈，可以快速、准确地评估学员的学习成果和教学质量，从而更好地监督培训效果。

5. 强化对不合格培训机构的惩处

对于不合格的培训机构，应采取严厉的惩处措施，包括取消其办学资格、撤销证书授予权等。这不仅可以保护学员的权益，还可以促进培训机构提高教学质量和服务水平。

总之，建立评价机制和监督培训效果是推进1＋X证书发展的关键环节。通过建立科学、合理的评价指标体系，制定评价标准和流程，定期评估和监测，充分利用大数据和人工智能技术，以及强化对不合格培训机构的惩处等多种手段，可以不断提高1＋X证书的含金量和市场竞争力，推动其在就业市场上的广泛应用和认可。同时，这也可以促进培训机构提高教学质量和服务水平，为学员提供更好的学习体验和服务，从而达到共赢的局面。除此之外，还需要政府、行业协会、高校等多方面的支持和合作，形成良好的生态环境，推动1＋X证书的健康发展。

（四）加强师资队伍建设

教师培训的质量和效果与师资队伍的建设密切相关。因此，需要加强师资队伍的建设，提高教师的教育水平和职业素养。可以通过组织师资培训、开展师资评估、鼓励师资参与教学研究等方式，提高教师的专业知识和能力，同时也可以培养更多的高素质师资队伍，为教师培训和学生教育提供更好的保障。

（五）与行业企业合作，提供实践机会

1＋X证书的实施离不开行业企业的支持和参与。为了让教师更好地了

解行业和企业的需求，提高教师职业素养和实践能力，需要与行业企业建立合作关系，为教师提供实践机会。可以组织教师参观企业、邀请企业专家授课、开展校企合作项目等方式，让教师更好地融入实际工作中，提高教师职业技能和能力，同时也可以促进学生的职业素养提升。

师资队伍是推进 1+X 证书发展的关键因素之一。以下是几点具体的建议。

1. 建立师资库

建立师资库是加强师资队伍建设的重要手段。培训机构需要收集和整理各领域专业人士的信息，并建立师资库。师资库应该包括教学经验丰富、具有行业资质和证书的专业人才，以及在相关领域具有独特优势的人才等。

2. 提高师资培训质量

提高师资培训质量是加强师资队伍建设的重要手段。培训机构需要制定科学合理的师资培训计划，充分挖掘专业人才的潜力和特长，加强教学技能和教学方法的培训，不断提高师资队伍的专业素养和教学水平。

3. 建立激励机制

建立激励机制是加强师资队伍建设的重要手段。培训机构应该根据教师的教学质量和学员满意度等指标，建立相应的激励机制，例如，给予奖金、晋升机会、荣誉称号等，鼓励教师不断提高教学水平和服务质量。

4. 加强教学评估

加强教学评估是加强师资队伍建设的重要手段。培训机构需要建立完善的教学评估机制，对教师的教学质量和学员满意度进行评估，及时发现和纠正教学中存在的问题，提高教学效果和教学质量。

5. 建立交流平台

建立交流平台是加强师资队伍建设的重要手段。培训机构需要建立专业交流平台，为教师提供相互交流和学习的机会，加强师资队伍之间的沟通和合作，推动教学质量的不断提升。

总之，加强师资队伍建设是推进1+X证书发展的关键因素之一。通过建立师资库、提高师资培训质量、建立激励机制、加强教学评估和建立交流平台等多种手段，可以不断提高师资队伍的教学水平和服务质量，为学员提供更好的学习体验和服务，从而推进1＋X证书的发展。同时，政府、行业协会、高校等多方面也应该加强对师资队伍建设的支持和投入，共同推进1＋X证书的发展。

综上所述，教师培训是推进1＋X证书的重要环节，需要从多个方面入手，提高教师的职业技能和能力，促进1＋X证书的实施和推广。同时，教师培训也需要与行业企业紧密结合，为教师提供更多的实践机会和实践经验，从而更好地指导学生学习，提高学生的职业素养。

四、加强与用人单位合作

高职院校需要积极与用人单位合作，了解用人单位对人才的需求和标准，针对性地推进相关证书的开设和考试，以提高学生的就业竞争力。随着我国经济的快速发展，市场对于高技能人才的需求不断增长。因此，职业技能证书越来越受到用人单位的认可和青睐。而在这种背景下，1＋X证书制度应运而生，其目的是帮助人才更好地融入市场，为用人单位提供更加优质的人才资源。然而，要想推进1＋X证书的发展，需要加强与用人单位的合作。

（一）树立共赢理念，实现双方互利共赢

在加强与用人单位的合作过程中，必须树立共赢理念。要建立用人单位与培训机构之间的紧密联系，树立起双方互利共赢的合作关系。同时，用人单位需要充分了解培训机构的教学内容和教学质量，选择合适的培训机构，为企业引进更多高素质人才。培训机构也应根据用人单位的需求，精准定位培训内容和方向，培养出更多适应市场需求的人才，提高就业质量和效益。要推进1＋X证书的发展，需要建立起双方互利共赢的合作关系，树立共赢理念。

加强用人单位对1＋X证书的认知和了解，树立对1＋X证书的信任和

认可。可以通过邀请用人单位参加 1+X 证书培训项目的教学活动，展示 1+X 证书的实际应用和优势，让用人单位了解到 1+X 证书的专业性和实用性。

听取用人单位的意见和建议，了解用人单位的人才需求和专业技能要求。可以通过与用人单位进行面对面交流、问卷调查、座谈会等多种方式，了解用人单位的具体需求和要求，为 1+X 证书的开发和推广提供有力的支持。

与用人单位建立长期稳定的合作关系，推广 1+X 证书的应用和普及。可以通过签订战略合作协议、开展实习培训、共同开发课程等多种方式，建立长期稳定的合作关系，促进 1+X 证书的普及和应用，为用人单位提供更多更好的人才资源。

提供高质量、个性化的人才培养服务，满足用人单位的具体需求和要求。可以通过多种教学方式和教学内容的选择，为学员提供个性化、差异化的教学服务，以满足用人单位的具体需求和要求，为用人单位培养更多符合其需求的高素质人才。

加强与用人单位的交流与合作，不断完善 1+X 证书的内容和课程体系，以更好地满足用人单位的需求和要求。可以通过开展交流研讨、实践活动、共同开发课程等方式，不断完善 1+X 证书的内容和课程体系，使其更加符合用人单位的需求和要求，为用人单位提供更加优质的人才资源。

通过以上的措施，可以实现 1+X 证书与用人单位的双方互利共赢，为社会培养更多符合用人单位需求的高素质人才，为企业发展提供有力支持，推动 1+X 证书的发展。

（二）建立长期合作机制，保障人才培养质量

建立长期合作机制是推进 1+X 证书的重要保障。用人单位和培训机构应该签订长期合作协议，明确双方的权利和义务，以确保人才培养质量和用人单位的实际需求相匹配。培训机构要通过市场调研和用人单位的需求调查，了解市场对人才的需求，不断调整培训课程和教学方式，提高人才培养

的质量和实效性。要推进 1＋X 证书的发展，建立长期合作机制是非常重要的。建立长期合作机制可以确保人才培养质量，提高学员的专业技能和素质，从而满足用人单位对高素质人才的需求。以下是一些建立长期合作机制的建议。

建立稳定的教师团队。建立稳定的教师团队是保障人才培养质量的基础。通过建立长期合作关系，可以聘请优秀的教师，组建一支稳定的教师团队，提供高质量的教学服务。同时，建立教师评价机制，对教师的教学质量进行评估和监督，确保教学质量和水平。

建立学员跟踪服务机制。通过建立学员跟踪服务机制，了解学员的就业情况和职业发展情况，对学员进行职业规划和指导。同时，建立学员反馈机制，收集学员的意见和建议，不断完善教学内容和方法，提高人才培养质量。

加强与用人单位的合作。与用人单位建立长期稳定的合作关系，开展实习和实践活动，让学员有机会接触实际工作环境，了解企业的具体需求和要求，提高学员的实际操作技能和素质。同时，可以邀请用人单位参与课程设计和教学活动，了解用人单位的需求和要求，提高人才培养的质量。建立人才培养质量监测机制。

建立人才培养质量监测机制，通过收集学员的学习成果和用人单位的反馈意见，进行评估和监测，发现问题并及时解决。同时，可以建立教学质量监测机制，对教学质量进行监测和评估，提高人才培养质量和教学水平。

推广和落实 1＋X 证书制度。推广和落实 1＋X 证书制度，建立统一的评价标准和认证机制，提高证书的权威性和可信度。同时，加强与政府、行业协会和用人单位的合作，推广 1＋X 证书制度，提高其在用人单位中的认可度和实用性。

通过以上措施，可以建立长期合作机制，保障 1＋X 证书人才培养质量。建立稳定的教师团队，建立学员跟踪服务机制，加强与用人单位的合作，建立人才培养质量监测机制和推广 1＋X 证书制度，这些措施都能够帮助建立长期合作机制，实现双方的互利共赢。同时，需要不断完善和优化措施，逐步提高人才培养质量和证书的认可度和实用性。

（三）加强服务意识，为用人单位提供优质服务

培训机构应加强服务意识，为用人单位提供优质服务。除了提供高质量的培训课程之外，还应该提供就业指导、人才推荐等服务。同时，为了更好地服务用人单位，培训机构还应当与用人单位建立沟通渠道，了解用人单位的实际需求，及时调整培训内容和方向，提高人才的适应性和就业质量。加强服务意识，为用人单位提供优质服务是推进1+X证书的重要举措。以下是一些具体的建议。

了解用人单位的需求和要求。通过与用人单位的沟通和合作，了解用人单位对于人才的需求和要求，针对性地开设课程和教学内容，培养符合用人单位要求的人才。

提供个性化服务。根据不同用人单位的特点和需求，提供个性化的服务。例如，对于需要招聘具有一定技能的人才的企业，可以开设技能培训课程；对于需要招聘具有一定语言水平的企业，可以开设语言培训课程等。

加强与用人单位的沟通。建立良好的沟通机制，及时了解用人单位的反馈意见和需求，不断优化服务内容和质量。同时，向用人单位提供相关的咨询和服务，帮助用人单位了解1+X证书的制度和评价标准，提高用人单位对1+X证书的认可度和接受度。

建立用人单位服务团队。建立专门的用人单位服务团队，负责与用人单位沟通、合作和服务，为用人单位提供一站式服务。该团队可以由专业人才和教师组成，通过与用人单位的合作和实践，不断优化服务质量和内容。

建立用人单位服务反馈机制。建立用人单位服务反馈机制，及时收集用人单位的反馈意见和建议，加强与用人单位的沟通和交流，及时解决问题和提供帮助，提高服务质量和效果。

总之，加强服务意识，为用人单位提供优质服务，是推进1+X证书的关键举措。只有为用人单位提供优质的服务，才能够提高1+X证书的认可度和实用性，从而推进1+X证书的发展。

（四）提升证书的含金，提高就业竞争力

要推进1＋X证书的发展，必须提升证书的含金量，提高就业竞争力。这需要培训机构在制定培训计划时，充分考虑市场需求，将市场需求作为主要参考指标。培训机构应该关注用人单位对于技能和知识的实际需求，确定适宜的课程和教材，同时要注重培养学员的实践能力和创新能力，提高其在实践中应用所学技能的能力和水平，使其更能适应用人单位的需求。另外，还应该建立一套完善的证书认证机制，确保证书的真实性和有效性。通过建立完善的证书认证机制，能够增强用人单位对于1＋X证书的认可度和信任度，提高证书的含金量和就业竞争力。为了提升1＋X证书的含金量和就业竞争力，需要从以下几个方面进行深入论述。

1. 优化证书设置和课程设置

需要优化1＋X证书的设置和课程设置，使其与用人单位的实际需求相符。通过调查研究和用人单位的需求分析，制定符合市场需求和行业发展的证书体系和课程体系，提高证书的实用性和可靠性，进而提高就业竞争力。

2. 建立权威的认证机制

建立权威的认证机制，提高证书的含金量。可以引入第三方机构，通过审核、考试等方式进行认证，增强证书的权威性和可信度，进一步提高证书的市场价值和竞争力。

3. 加强师资队伍建设

教师队伍的专业素质和教学水平直接影响到证书的含金量。建立优秀的师资队伍，引进和培养优秀的教师，持续加强教师的教学和业务能力，提高教师的专业水平和能力，进而提高证书的含金量和就业竞争力。

4. 与用人单位建立紧密的合作关系

与用人单位建立紧密的合作关系，深入了解用人单位的实际需求和招聘标准，建立人才培养和用人单位招聘的联系和桥梁，不断调整和完善证书体系和课程体系，让证书更好地适应市场和用人单位的需求，从而提高证书的含金量和就业竞争力。

5. 提供个性化服务和就业指导

提供个性化服务和就业指导，帮助学员了解市场需求和就业趋势，制定职业规划和就业策略，提高求职竞争力。同时，建立学员跟踪服务机制，对学员进行职业规划和指导，不断完善教学内容和方法，提高人才培养质量，进而提高证书的含金量和就业竞争力。

综上所述，通过优化证书设置和课程设置、建立权威的认证机制、加强师资队伍建设、与用人单位建立紧密的合作关系、提供个性化服务和就业指导等措施，可以提升1+X证书的含金量和就业竞争力，进而推进其发展和普及。此外，需要注意的是，证书本身只是一个学习的工具和一个获得知识和技能的途径，最终还是要依靠学员自身的努力和实际操作能力来证明自己的能力和水平。因此，对于学员来说，需要在学习证书的同时，注重实践能力的提升，积累实际经验，才能更好地应对职场挑战和求职竞争。

总之，要加强与用人单位的合作，推进1+X证书的发展，需要树立共赢理念，建立长期合作机制，加强服务意识，提升证书的含金量和提高就业竞争力。只有双方共同努力，才能让1+X证书制度更好地服务于市场和用人单位，为培养更多的高素质人才做出更大的贡献。

五、加强评价机制

高职院校需要建立完善的评价机制，对参加证书考试的学生进行积极评价和表彰，以鼓励更多的学生参加证书考试，提高证书的认可度和价值。为了推进1+X证书的发展，需要加强评价机制，确保证书的有效性和市场价值。评价机制应该涵盖以下方面。

（一）评价标准的制定

要制定出科学合理的评价标准，评价标准应该明确，简明易懂，能够反映出证书所具备的技能和知识水平。评价标准应该由专业的机构制定，通过专家评审和市场需求调研来确定，确保评价标准的科学性和准确性。为了推进1+X证书的发展和提高其市场竞争力，需要制定科学合理的评价标准，确保证书的质量和可信度，同时提高证书的含金量和就业竞争力。评价标准的制定需要从以下几个方面进行深入论述。

1. 市场需求和用人单位需求

评价标准的制定需要充分考虑市场需求和用人单位的实际需求，确保证书的内容与市场需求和用人单位的招聘标准相符合，提高证书的实用性和可靠性，进而提高证书的含金量和就业竞争力。

2. 权威认证机构的参与

评价标准的制定需要权威认证机构的参与，如教育部门、行业协会等，借助权威认证机构的专业性和可信度，确保评价标准的科学合理性和权威性，提高证书的市场价值和竞争力。

3. 课程设置和考核标准

评价标准的制定需要考虑课程设置和考核标准，确保证书的考核内容和方式符合市场需求和用人单位的招聘标准，提高证书的实用性和可靠性，进而提高证书的含金量和就业竞争力。

4. 师资队伍建设和教学质量

评价标准的制定需要考虑师资队伍建设和教学质量，建立专业化、规范化的师资队伍，持续加强教师的教学和业务能力，提高教师的专业水平和能力，进而提高证书的含金量和就业竞争力。

5. 学员就业情况和满意度

评价标准的制定需要考虑学员就业情况和满意度，对证书的市场价值和竞争力进行评估和调查，及时调整和完善证书体系和课程体系，提高证书的实用性和市场竞争力，进而提高证书的含金量和就业竞争力。

综上所述，评价标准的制定是推进1+X证书发展的重要环节。通过考虑市场需求和用人单位的实际需求、权威认证机构的参与、课程设置和考核标准、师资队伍建设和教学质量、学员就业情况和满意度等多个方面，制定科学合理的评价标准，才能提高1+X证书的质量和可信度，提高证书的含金量和就业竞争力，最终促进1+X证书的发展。此外，评价标准的制定需要持续跟踪市场需求和用人单位的招聘标准的变化，及时调整和完善证书体系和课程体系，以适应市场的变化和需求。同时，需要加强对证书的市场推广和宣传，提高其知名度和认可度，进一步提高证书的市场价值和竞争力。

（二）评价方法的多样化

要采用多种评价方法，包括考试、实践操作、项目实训等方式，通过不同的评价方法来全面考核学员的技能和知识水平。同时，还应该采用随机抽查、现场监管等方式，确保评价过程的公正性和有效性。1+X证书是中国高职教育的一项重要改革，其意义在于将基础技能证书和职业能力证书有机结合，旨在培养学生具备全面实用的技能和职业能力，提高其就业竞争力。而评价方法的多样化，则是推进1+X证书发展的重要方面。

评价方法的多样化指的是，在考核1+X证书时，采用多种不同的评价方式和评价标准，包括笔试、实践考核、项目评估等。其目的是更全面、更真实地反映学生的技能和职业能力，提高证书的含金量和市场竞争力。

1. 多元化的考核方式

在考核1+X证书时，可以采用多种不同的考核方式，包括笔试、实践考核、项目评估等。笔试可以测量学生的理论知识和基本技能，实践考核则更注重学生的实际操作能力和职业技能，项目评估则更注重学生的综合素质和能力。通过采用多种不同的考核方式，可以更全面、更真实地反映学生的技能和职业能力，提高证书的实用性和市场竞争力。

2. 联合考核

联合考核是指将学生在校期间所学的理论知识和实践技能结合起来，进行联合考核。这种考核方式可以更真实地反映学生的综合能力和素质，对于推进1+X证书发展有着积极的作用。例如，可以将学生在课程学习中所掌握的理论知识与职业能力证书考核结合起来，从而更加全面、深入地考查学生的能力水平。

3. 毕业设计

毕业设计是高职教育中重要的考核方式,通过毕业设计可以考查学生的实践能力和综合素质。因此,将毕业设计作为1+X证书的考核方式,可以更加全面、深入地考查学生的职业能力和综合素质。同时,毕业设计也可以为学生提供更多的实践机会,增强其实际操作能力和职业能力。

4. 个性化考核

个性化考核是指根据学生的不同特点和能力,对其进行个性化考核。例如,对于某些学生来说,实践考核可能更适合展现其职业能力,而对于另一些学生来说,笔试则更能体现其理论水平。因此,采用个性化考核方式可以更好地反映学生的实际能力水平,提高证书的含金量和市场竞争力。

总体来说,评价方法的多样化对于推进1+X证书的发展具有重要意义。通过采用多种不同的评价方式和评价标准,可以更全面、更真实地反映学生的技能和职业能力,提高证书的实用性和市场竞争力,进而推动高职教育的全面发展。

（三）评价结果的公示

要将评价结果进行公示,包括评价标准、评价方法、评价结果等信息,让学员和用人单位能够了解证书的评价过程和结果,确保证书的真实性和有效性。评价结果的公示是指在考核1+X证书后,将学生的评价结果进行公示,向社会公开学生的技能和职业能力水平。评价结果的公示可以推进1+X证书的发展,提高证书的含金量和市场竞争力,有以下几个方面的作用。

1. 促进公平公正

评价结果的公示可以促进考核的公平公正,保证学生的技能和职业能力水平得到公正评价。通过公开学生的评价结果,可以消除一些不公正的因素,防止学生之间相互帮助、作弊等不正当行为的出现,保证考核的公平公正性。

2. 提高证书的含金量和市场竞争力

评价结果的公示可以提高证书的含金量和市场竞争力。通过公示学生的评价结果，可以使用人单位更全面地了解学生的技能和职业能力水平，为用人单位提供更多的选择和依据。同时，公示评价结果也可以激励学生不断提升自己的技能和职业能力，提高证书的含金量和市场竞争力。

3. 促进教育教学质量的提高

评价结果的公示可以促进教育教学质量的提高。通过公示学生的评价结果，可以让学校和教师了解到学生的技能和职业能力水平，及时调整和改进教育教学质量，提高教育教学水平和质量。

4. 促进学生自我评价和提升

评价结果的公示可以促进学生自我评价和提升。通过公示学生的评价结果，可以让学生更全面地了解自己的技能和职业能力水平，及时调整和改进自己的学习和实践能力，提高自己的综合素质和职业能力水平。

5. 维护社会信任和认可

评价结果的公示可以维护社会信任和认可。通过公示学生的评价结果，可以让社会了解学校和教育机构对学生技能和职业能力水平的认证和评价工作，提高社会对学生证书的信任和认可度。这有助于促进证书在社会上的广泛认可和使用，为学生提供更广阔的就业和职业发展机会。同时，这也可以帮助学校和教育机构建立良好的声誉和口碑，进一步提高教育教学质量和水平。

（四）评价反馈的完善

要建立健全的评价反馈机制，收集学员和用人单位对于证书评价的意见和建议，及时进行调整和改进，提高评价机制的科学性和有效性。评价反馈是指在考核1+X证书后，向学生提供详细的评价反馈，帮助学生了解自己的优势和不足，及时调整和改进学习和实践能力。评价反馈的完善可以推进1+X证书的发展，提高证书的含金量和市场竞争力，有以下几个方面的作用。

1. 促进学生自我评价和提升

评价反馈可以促进学生自我评价和提升。通过详细的评价反馈，学生可以了解自己在技能和职业能力方面的优势和不足，及时调整和改进自己的学习和实践能力，提高自己的综合素质和职业能力水平。同时，评价反馈也可以激励学生不断提升自己的技能和职业能力，提高证书的含金量和市场竞争力。

2. 提高证书的含金量和市场竞争力

评价反馈可以提高证书的含金量和市场竞争力。通过详细的评价反馈，可以让用人单位更全面地了解学生的技能和职业能力水平，为用人单位提供更多的选择和依据。同时，评价反馈也可以让证书更加符合用人单位的需求和要求，提高证书的含金量和市场竞争力。

3. 促进教育教学质量的提高

评价反馈可以促进教育教学质量的提高。通过详细的评价反馈，可以让学校和教师了解学生在技能和职业能力方面的优势和不足，及时调整和改进教育教学质量，提高教育教学水平和质量。

4. 提高学生对 1＋X 证书的信任和认可

评价反馈可以提高学生对 1＋X 证书的信任和认可。通过详细的评价反馈，可以让学生更加了解证书的评价标准和过程，理解证书的含义和价值，提高对证书的认可度和信任度。

5. 推进 1＋X 证书制度的完善和发展

评价反馈可以推进 1＋X 证书制度的完善和发展。通过不断地完善评价反馈机制，可以提高证书制度的公正性和科学性，更好地适应用人单位的需求和要求，推动证书制度的不断发展和创新。同时，评价反馈也可以让证书制度更加贴近实际，更加符合市场需求和趋势，推进 1＋X 证书制度的完善和发展。

评价反馈的完善对于推进 1＋X 证书的发展有着重要的作用。通过促进学生自我评价和提升、提高证书的含金量和市场竞争力、促进教育教学质量的提高、提高学生对 1＋X 证书的信任和认可，以及推进 1＋X 证书制度的完善和发展，评价反馈机制可以更好地服务于学生、用人单位和整个社会。因此，应该不断完善评价反馈机制，提高其质量和效益，推动 1+X 证书制度的稳步发展和提升。

综上所述，要加强评价机制，推进 1+X 证书的发展，需要制定科学合理的评价标准，采用多样化的评价方法，公示评价结果，建立完善的评价反馈机制。只有这样，才能确保证书的真实性和有效性，提高其市场价值和认可度，推动 1+X 证书的发展。

附件1

1+X 污水处理职业技能等级证书

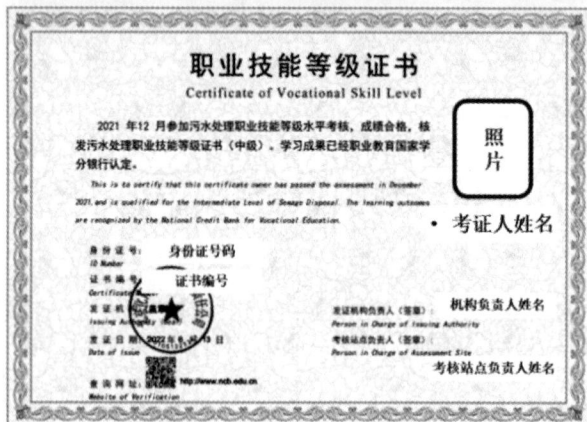

附件 2

问卷调查：1+X 证书知多少

以下是一份详细的问卷调查，旨在了解受访者对 1+X 证书的认知、认可度、实际运用情况、对其推广和应用的态度和看法。

部分一：基本信息

1. 您的性别是？

A. 男

B. 女

C. 不便透露

2. 您的年龄是？

A. 18 岁以下

B. 18~24 岁

C. 25~34 岁

D. 35~44 岁

E. 45 岁以上

3. 您的教育程度是？

A. 初中及以下

B. 高中/中专/职高

C. 大专/高职

D. 本科及以上

4. 您的职业是？

A. 学生

B. 公务员/事业单位员工

C. 企业员工

D. 自由职业者/创业者

E. 其他

部分二：关于 1＋X 证书的认知

1. 您是否了解 1＋X 证书制度？

A. 是

B. 否

2. 如果您回答"是"，您是通过以下哪些途径了解到的？（可多选）

A. 学校宣传

B. 互联网媒体

C. 朋友/亲戚介绍

D. 公司组织培训

E. 其他（请注明）

3. 您认为 1＋X 证书制度是什么？

A. 一种职业资格证书制度

B. 一种学历证书制度

C. 以上两种都是

D. 其他（请注明）

4. 您认为 1＋X 证书制度的主要目的是什么？

A. 帮助提高就业竞争力

B. 帮助提高职业技能水平

C. 帮助提升学历层次

D. 其他（请注明）

5. 您是否了解1+X证书制度的认证和颁发机构？

A. 是

B. 否

6. 您是否了解如何查询和验证1+X证书的真伪？

A. 是

B. 否

部分三：关于1+X证书的认可度和实际运用情况

1. 您是否持有1+X证书？

A. 是

B. 否

2. 如果您回答"是"，您持有的1+X证书类型是什么？（可多选）

A. 职业资格证书

B. 学历证书

C. 其他（请注明）

3. 您持有的1+X证书是否对您的职业发展产生过帮助？

A. 是

B. 否

4. 您是否认为持有1+X证书对就业有帮助？

A. 是

B. 否

5. 如果您曾经获得过1+X证书，请简单介绍一下您获得的证书名称和获得时间。

答案：_____

6. 您认为1+X证书对您的职业发展有帮助吗？（单选）

A. 非常有帮助

B. 有一定帮助

C. 没有帮助

D. 不清楚

7. 在您的职业领域，是否需要获得1+X证书来提升您的职业水平和竞争力？（单选）

A. 是

B. 否

C. 不确定

8. 您认为推广1+X证书有哪些优点？（多选）

A. 有利于提升职业竞争力

B. 帮助提高职业技能水平

C. 有利于职业晋升和薪资提升

D. 有助于扩展职业发展领域

E. 有助于提高个人形象和信誉度

F. 其他（请注明）＿＿＿＿＿＿＿＿

9. 您认为推广1+X证书存在哪些问题？（多选）

A. 缺乏权威性和认可度

B. 证书质量参差不齐

C. 学习时间和费用较高

D. 操作流程复杂

E. 涉及课程与实际工作不相关

F. 其他（请注明）＿＿＿＿＿＿＿＿

10. 您认为高校在推广1+X证书时应该采取哪些措施？（多选）

A. 提供更多的证书培训机会

B. 加强证书的权威性和认可度

C. 降低证书获得门槛和成本

D. 调整课程设置，增加实用性课程

E. 加强证书管理和监督

F. 其他（请注明）＿＿＿＿＿＿＿＿

11. 您是否愿意在工作之余参加 1+X 证书的学习和考试？（单选）

A. 是

B. 否

12. 您对 1+X 证书有什么建议或意见？

参考文献

[1] 陈美琴. 基于"1+X"证书制度下汽车检测与维修专业"三教"改革的探索与研究 [J]. 中国设备工程，2023（08）：242-244.

[2] 张馨文. 1+X 制度下旅游人才培养模式的探索 [J]. 学周刊，2023（14）：37-39.

[3] 匡伟祥. 基于"1+X"的汽车检测与维修技术专业体系构建对策研究 [J]. 专用汽车，2023（04）：117-119.

[4] 魏玉晓. 职业院校 1+X 证书制度推进工作中课证融通研究——以城市轨道交通运营管理专业为例 [J]. 黑龙江交通科技，2023，46（04）：172-174.

[5] 吴凤娇，陈琳菲. "1+X"制度背景下产教融合引领"三教"改革探析 [J]. 现代商贸工业，2023，44（09）：213-215.

[6] 易才键，陈俊，王师玮. 基于轻量型卷积神经网络的生活垃圾图像分类 [J]. 软件工程，2023，26（03）：41-45，24.

[7] 仲凤霞. 高职院校会计专业"三教"改革实施路径研究——基于"1+X"证书制度的视角 [J]. 江苏经贸职业技术学院学报，2023（01）：81-84.

[8] 徐慧. 高职院校计算机网络技术专业教学改革研究——以"1+X"证书制度为例 [J]. 工业技术与职业教育，2023，21（01）：34-37.

[9] 康乔. "1+X"证书制度下构建学生职业能力评价指标体系的研究——以广西华侨学校电商专业为例 [J]. 广西教育，2023（05）：10-13，18.

[10] 王秀蓉，王娜娜. "1+X"证书制度下儿科护理学课证融通路径探索 [J]. 卫生职业教育，2023，41（02）：93-96.

[11] 黄倩雪. "1+X"证书制度对高职财务管理专业的影响和思考 [J]. 中

国乡镇企业会计，2023（01）：190-192.

[12] 刘梦花."1+X"证书制度下会计专业课程建设研究——以成本核算与管理课程为例［J］.中国管理信息化，2023，26（02）：221-223.

[13] 吴玮婷.高职院校空中乘务专业实施"1+X"证书制度的困境与策略［J］.福建轻纺，2023（01）：69-71.

[14] 李雨健，吾晓辉."1+X"证书制度下工业机器人专业产教融合模式研究［J］.时代汽车，2023（02）：53-55.

[15] 谢军.基于"1+X"证书制度的高职院校人才培养模式研究——以机电一体化技术专业为例［J］.产业与科技论坛，2023，22（01）：258-260.

[16] 王重重."1+X"证书制度下高职院校教师队伍的建设探索——以时尚传媒专业为例［J］.现代商贸工业，2023，44（01）：121-123.

[17] 彭敏，肖诗菲，罗利亚."1+X"证书制度下高职会计专业人才培养模式探究［J］.营销界，2019（43）：210-211.

[18] 施佳烨."1+X"证书制度下五年制高职深化产教融合、校企合作的路径研究［J］.江苏教育研究，2019（30）：49-51.

[19] 田志磊，李源.职业教育国家治理中的大扩招、产教融合与1+X证书制度——贯彻落实《国家职业教育改革实施方案》高峰论坛会议综述［J］.高等职业教育探索，2019，18（03）：78-80.

[20] 钟思远.产教融合下高职院校1+X证书模式探析[J]辽宁高职学报，2020，22（09）：30-34.

[21] 蒋菲.产教融合视阈下广西高职"1+X"证书物流管理课程体系开发研究与实践［J］.质量与市场，2020（16）：110-112.

[22] 李智，谢爱平."1+X"证书制度下的高职跨境电商产教融合研究[J].电子商务，2020（08）：65-66.

[23] 崔艳，刘雪贞.高职院校产教融合"1+X"复合型人才培养的实施路径［J］.焦作大学学报，2020，34（02）：112-113，116.

[24] 马玉.职业教育实施"1+X"证书制度背景下产教融合发展的创新思考［J］.中国发明与专利，2019，16（S1）：45-47，54.

［25］ 张艳，刘军. 高等职业教育课程嵌入"1＋X"证书的教学模式探索与研究［J］. 商业经济研究，2019（21）：179-182.

［26］ 蒋菲. 基于产教融合的物流管理专业"1＋X"双证制人才培养模式［J］. 广西教育，2019（23）：126-127.

［27］ 柯亮亮. 基于"1＋X"证书制度试点背景下高职院校《路由交换技术》课程课证融合教学改革研究［J］. 电脑知识与技术，2020，16（27）：120-123.

［28］ 国务院. 国家职业教育改革实施方案［Z］. 国发［2019］4 号，2019-02-13.

［29］ 贾颖绚，冯伟，田策. "1＋X"建筑信息模型（BIM）证书制度建设路径的探索［J］. 山西建筑，2020（3）：167-168.

［30］ 靖秀辉. "1＋X 证书制度"下高职土木类教师 BIM 实践教学能力提升路径研究［J］. 教育现代化，2019（100）：88-89.

［31］ 邵名果，李传伟. 基于 1＋X 证书制度的"四实"人才培养评价体系的构建［J］. 湖北工业职业技术学院学报，2019（6）：12-16.

［32］ 孙善学. 对 1＋X 证书制度的几点认识［J］. 中国职业技术教育，2019（7）：72-76.

［33］ 徐国庆，伏梦瑶. "1＋X"是智能化时代职业教育人才培养模式的重要创新［J］. 教育发展研究，2019（7）：21-26.

［34］ 王雪琴. 职业教育 1＋X 证书制度的缘起、逻辑及其实施［J］. 职教论坛，2019（7）：148-151.

［35］ 程舒通. 1＋X 证书制度试点工作：诉求、解析与误区的防范［J］. 教育与职业，2019（15）：19-24.

［36］ 闫智勇，姜大源，吴全全. 1＋X 证书制度的治理意蕴及误区规避［J］. 教育与职业，2019（15）：5-12.

［37］ 张伟，张芳，李玲俐. "1＋X"证书制度下职业院校教师专业发展研究［J］. 职教论坛，2020（1）：94-97.

［38］ 国务院. 国务院关于印发《国家职业教育改革实施方案》的通知

［EB/OL］.（2019-02-13）［2022-05-30］.

［39］ 袁利升，董汝萍. 基于社会需求的职业本科教育发展对策研究［J］. 太原城市职业技术学院学报，2019（6）：100-101.

［40］ 孙善学. 对'1+X'证书制度的几点认识［J］. 中国职业技术教育，2019（7）：72-76.

［41］ 闫智勇，姜大源，吴全全. 1+X证书制度的治理意蕴及误区规避［J］. 教育与职业，2019（15）：5-12.

［42］ 徐国庆，伏梦瑶. "1+X"是智能化时代职业教育人才培养模式的重要创新［J］. 教育发展研究，2019（7）：21-26.

［43］ 韦莉莉. 1+X证书制度的书证融通及其价值指向［J］. 职教论坛，2020（1）：150-153.

［44］ 金萍. 技能人才培养视域下1+X证书制度实施影响与落实透视［J］. 职教论坛，2020（1）：154-157.